Paul Carus

Die Religionslehre der Buddhisten

Verlag
der
Wissenschaften

Paul Carus

Die Religionslehre der Buddhisten

ISBN/EAN: 9783957006028

Auflage: 1

Erscheinungsjahr: 2015

Erscheinungsort: Norderstedt, Deutschland

Hergestellt in Europa, USA, Kanada, Australien, Japan
Verlag der Wissenschaften in Hansebooks GmbH, Norderstedt

Die
Religionslehre
der Buddhisten.

— —

Deutsche Ausgabe
nach der Übersetzung aus dem Originaltexte ins Englische

von

Paul Carus.

— —

Selbstbeherrschung, Gerechtigkeit und ein
reines Herz. Dies ist die Religion aller Buddhas.

LEIPZIG
Buddhistischer Missions-Verlag.

Motto:

Gehet hin, ihr Jünger, zum Segen der
Menge, zum Heile des Menschengeschlechts,
aus Barmherzigkeit für die Welt. Predigt
diese meine Religion, welche herrlich ist am
Anfang, herrlich in der Mitte, herrlich am
Ende.

Gautama Buddha.

Inhalt.

Vorbemerkung.

Die folgenden Auszüge aus den heiligen
Schriften der Buddhisten haben nicht den
Zweck, als „kulturhistorische Abhandlung“
zu dienen, noch die Vorzüge irgend eines
religiösen Systems über ein anderes zu be-
tonen; sie sollen lediglich ein Wegweiser auf
dem Pfade der Selbsterkenntnis sein, den
Leser dazu bewegen, selbst über die Tiefen
der darin enthaltenen Wahrheiten nachzu-
denken und sich zu einer höheren als der
alltäglichen Gedankenregion zu erheben. Es
handelt sich hier nicht um die Verehrung
irgend einer historischen Persönlichkeit; denn
unter „Buddha“ ist die Wahrheit oder das
Licht zu verstehen, durch dessen innere Erleuchtung Gautama Siddhârta, sowie mancher
andere ein „Buddha“, d. h. ein Erleuchteter
geworden ist. Der historische Gautama
Buddha, gleich dem mythischen Jesus von
Nazareth, ist als Person nur insofern ein

Gegenstand der Hochachtung, als er in seiner Person uns ein Vorbild darstellt von dem, was wir selbst sein und werden sollen. Das Evangelium Buddhas ist die Himmelsbotschaft, welche die Wahrheit selbst den Menschen in ihren Herzen verkündet.

I.

Willkommen.

———

Freut euch der frohen Botschaft! Buddha, unser Herr, hat die Wurzel aller Übel gefunden. Er hat uns den Weg zur Erlösung gezeigt.

Buddha (das Licht der geistigen Erkenntnis) zerstreut die Täuschungen unseres Geistes und erlöst uns aus den Schrecken des Todes.

Buddha, unser Herr, bringt Trost allen jenen, die ermüdet und beladen sind, er ist die Wiederherstellung des Friedens für alle, die unter der Last des Lebens ermattet sind. Er giebt den Schwachen Mut, selbst wenn sie schon nahe daran sind, Selbstvertrauen und Hoffnung aufzugeben.

Ihr, die ihr an den Trübsalen des Lebens leidet; ihr, die ihr kämpfen und ausharren müsst, die ihr nach dem Leben der Wahrheit Sehnsucht im Herzen tragt, freut euch über die frohe Botschaft!

Es giebt einen Balsam für den Verwundeten und Brot für den Hungrigen. Es giebt Wasser für den Durstigen und Hoffnung für den Verzweifelnden. Licht ist da für diejenigen, welche in der Dunkelheit sind, und ein unerschöpflicher Segen für den Rechtschaffenen.

Heilt eure Wunden, ihr Verwundeten, und sättigt euch, ihr, die ihr hungrig seid. Ruhet euch aus, ihr Ermüdeten, und ihr Durstigen löscht euern Durst. Seht hinauf in das Licht, ihr, die ihr im Dunkeln sitzt, und freut euch, ihr Verlorenen.

Vertrauet in die Wahrheit (Wirklichkeit), ihr, die ihr die Wahrheit liebt; denn das Reich der Rechtschaffenheit ist auf der Erde gegründet; die Finsternis des Irrtums ist von dem Lichte der Wahrheit vertrieben. Wir können unseren Weg sehen, und unsere Schritte können fest und sicher sein.

Buddha, unser Herr, hat die Wahrheit geoffenbart*).

Die Wahrheit heilt unsere Krankheiten und erlöst uns vom Verderben, die Wahrheit giebt uns Kraft im Leben und im Tode; die Wahrheit allein kann die Übel des Irrtums besiegen.

Freut euch der frohen Botschaft.

---

*) Buddha ist die Wahrheit. Kein Mensch kann einem anderen die Wahrheit offenbaren, dies kann nur die Wahrheit selber thun. Ein Mensch, in dem die Wahrheit offenbar geworden ist, ist ein Buddha; er ist die Wahrheit selbst, welche in ihm selber verkörpert ist.

II.

Samsâra und Nirvâna.

Blicke umher und betrachte das Leben!

Alles ist vergänglich und nichts besteht.
Du siehst Geburt und Tod, Wachstum und
Verwelken, Verbindung und Trennung.

Die Herrlichkeit der Welt ist wie eine
Blume; sie steht am Morgen in voller Blüte
und welkt in der Hitze des Tages.

Wo du auch hinblickst, siehst du ein
Rennen und Ringen, ein eifriges Jagen nach
Lust, eine feige Flucht vor Schmerz und
Tod, einen Jahrmarkt, in welchem Täuschun-
gen feilgeboten werden, und die Flammen
der brennenden Begierde lodern auf. Die Welt
ist voll von wechselnden Erscheinungen und
Verwandlungen. Alles ist Samsâra.

Giebt es nichts Dauerndes in der Welt?
Ist in diesem allgemeinen Wirbel kein Ruhe-

platz, wo das geängstigte Herz Frieden finden kann? Giebt es nichts, das von ewiger Dauer ist?

Wird die Sorge nie aufhören? Können die brennenden Begierden nicht ausgelöscht werden? Wann wird das Gemüt ruhig und gefasst werden?

Buddha, unser Herr, war bekümmert wegen der Übel des Lebens. Er sah die Eitelkeit weltlicher Glückseligkeit und suchte Erlösung in dem Einen, das nicht welken oder vergehen, sondern für immer und ewig bleiben wird.

Ihr, die ihr nach dem Leben trachtet, wisset, dass die Unsterblichkeit im Vergänglichen verborgen ist. Ihr, die ihr nach einer Glückseligkeit strebt, welche keine Samen der Enttäuschung und des Bedauerns enthält, folget dem Rate des grossen Meisters und führet ein Leben voll Rechtschaffenheit. Ihr, die ihr euch nach Reichtümern sehnt, kommt und empfanget unsterbliche Schätze.

Die Wahrheit ist ewig, sie kennt weder Geburt noch Tod; sie hat weder Anfang noch Ende. Rufet die Wahrheit an, o Sterbliche!

Lasset die Wahrheit von eurer Seele Besitz ergreifen.

Die Wahrheit ist der unsterbliche Teil der Seele. Reichtum besteht im Besitze der Wahrheit und ein Leben in Wahrheit ist wahre Glückseligkeit.

Nehmt die Wahrheit in euerem Geiste auf, denn die Wahrheit ist das Abbild des Ewigen; sie stellt den Unwandelbaren dar, sie offenbart den Unendlichen; die Wahrheit bringt den Menschen das Geschenk der Unsterblichkeit.

Buddha ist die Wahrheit; lasse Buddha in deinem Herzen wohnen. Lösche aus in deiner Seele jede Begierde, welche Buddha entgegengesetzt ist, und am Ende deiner geistigen Evolution wirst du so wie Buddha werden.

Dasjenige in deiner Seele, welches nicht in Buddha sich entfalten kann oder will, muss zu Grunde gehen; denn es ist nur eine Täuschung und nicht wirklich; es ist die Quelle deines Irrtums, die Quelle deines Elends.

Ihr könnt eure Seele unsterblich machen, indem ihr sie mit der Wahrheit erfüllt. Werdet deshalb gleich Gefässen, die geeignet sind, das Ambrosia der Worte des Meisters zu empfangen. Reinigt euch von Sünden und heiliget euer Leben. Es giebt keinen andern Weg, um zur Wahrheit zu gelangen.

Lernet zwischen dem Selbst und der Wahrheit zu unterscheiden. Das Selbst ist die Ursache der Selbstsucht und die Quelle der Sünde; die Wahrheit hängt sich an kein Selbst; sie ist allgemein und führt zur Gerechtigkeit und Rechtschaffenheit.

Das Selbst, dasjenige, welches denen, die sich selbst lieben, als ihr eigenes Wesen erscheint, ist nicht das Ewige, Unendliche und Unvergängliche. Suchet nicht nach dem Selbst, sondern suchet nach der Wahrheit.

Wenn wir unsere Seelen von unserer kleinlichen Selbstheit befreien, anderen nichts Böses wünschen und so klar werden wie ein krystallheller Diamant, der das Licht der Wahrheit wiederspiegelt; welch ein herrliches Bild wird sich uns zeigen, indem wir die Dinge in uns wie in einem Spiegel erblicken, und zwar so wie sie in Wirklichkeit sind, ohne die Zuthat von brennenden Begierden, ohne die Verzerrungen, welche der Irrtum hervorbringt, und ohne die durch die sündhafte Unruhe hervorgebrachte Erregung!

Wer das Selbst sucht, der muss zwischen dem falschen Selbst und dem wahren Selbst zu unterscheiden lernen. Sein „Ich" und sein Egoismus sind das falsche Selbst. Sie sind wesenlose Illusionen und vorübergehende Zusammensetzungen. Nur derjenige allein, welcher sein Selbst mit der Wahrheit identifiziert, wird ins Nirvâna eingehen, und wer in Nirvâna eingegangen ist, der hat die Buddhaschaft erlangt; er hat die höchste Seligkeit gewonnen; er ist Eins geworden mit dem, das ewig und unsterblich ist.

Alle zusammengefügten Dinge werden wieder aufgelöst werden; Welten werden in Stücke gehen und unsere individuellen Erscheinungen zerstreut werden, aber die Worte des Buddha werden ewig bestehen.

Die Auslöschung des Selbsts ist die Erlösung; die Vernichtung des Selbsts ist die Bedingung der Erleuchtung; die Ausrottung des Selbsts ist Nirvâna. Glückselig ist derjenige, welcher aufhört der Lust zu leben und in der Wahrheit ruht. Wahrlich, sein

Gesammeltsein und seine Seelenruhe sind die höchste Seligkeit.

Lasst uns unsere Zuflucht in Buddha suchen, denn er hat das ewig Dauernde in dem Vergänglichen gefunden. Lasst uns unsere Zuflucht suchen in demjenigen, welches unveränderlich ist im Wechsel des Daseins. Lasst uns unsere Zuflucht in der Wahrheit suchen, welche durch die Erleuchtung Buddhas offenbar ist.

III.

Die Wahrheit ist der Erlöser.

———

Die Dinge dieser Welt und ihre Bewohner sind dem Wechsel unterworfen: sie sind die Produkte von Dingen, die vor ihnen existierten; alle lebenden Geschöpfe sind das, was sie durch ihr vorhergehendes Thun geworden sind; denn das Gesetz von Ursache und Wirkung ist einheitlich und hat keine Ausnahmen.

Aber in den wechselnden Dingen ist die Wahrheit verborgen. Die Wirklichkeit der Dinge besteht in deren Wahrheit. (Die Wahrheit ist das, was die Dinge wirklich macht.) Die Wahrheit ist das Dauernde in dem Vergänglichen.

Und die Wahrheit begehrt zu erscheinen (offenbar zu werden); die Wahrheit sehnt sich, bewusst zu werden; die Wahrheit strebt darnach, sich selbst zu erkennen.

Wahrheit ist in einem Steine, denn der Stein ist da, und keine Macht in der Welt, weder Gott noch Mensch, kann sein Dasein vernichten; aber der Stein hat kein Bewusstsein.

Wahrheit ist in der Pflanze und ihr Leben kann sich ausbreiten; die Pflanze wächst, blüht und bringt Frucht. Ihre Schönheit ist wunderbar; aber sie hat kein Bewusstsein.

Wahrheit ist in dem Tiere, es bewegt sich frei und nimmt seine Umgebungen wahr; es unterscheidet und lernt zu wählen. Da ist Bewusstsein vorhanden; aber noch nicht das Bewusstsein der Wahrheit. Es ist nur ein Bewusstsein des „Selbsts".

Das Bewusstsein des Selbsts verschleiert das Auge des Geistes und verbirgt die Wahrheit. Es ist der Ursprung des Irrtums, es ist die Quelle der Täuschung, der Same der Sünde.

Aus dem Selbst wird die Selbstsucht geboren. Es giebt kein anderes Übel, als dasjenige, welches dem Selbst entspringt. Es giebt kein Unrecht, als dasjenige, welches durch die Bejahung des Selbsts geschieht.

Das Selbst ist der Anfang von allem Hassen, von Bosheit und Verleumdung, von Unverschämtheit und Schamlosigkeit, Diebstahl, Raub, Unterdrückung und Blutvergiessen. Das Selbst ist Mâra, der Versucher, der Übelthäter, der Erzeuger von Unheil.

Das Selbst verlockt durch Vergnügungen. Das Selbst verspricht ein Feeenparadies. Das Selbst ist der Schleier der Mâyâ, der Zauberer. Aber die Vergnügungen des Selbsts sind unwesentlich, sein paradiesisches Labyrinth ist die Strasse zur Hölle, und seine welkende Schönheit entzündet die Flammen der Begierden, die man nie sättigen kann.

Wer wird uns von der Macht des Selbsts befreien? Wer wird uns aus der Trübsal erretten? Wer wird uns wieder zu einem segensreichen Leben verhelfen?

Trübsal ist in der Welt Samsâra, viel Not und Pein; aber grösser als alle Trübsal ist der Segen der Wahrheit. Die Wahrheit verschafft dem Sehnen der Seele den Frieden; sie besiegt den Irrtum, sie löscht die Flammen der Begierde und führt nach Nirvâna.

Selig ist, wer den Frieden Nirvânas gefunden. Er ist in Ruhe mitten unter den
Kämpfen und Mühsalen des Lebens; er ist
über alle Veränderungen erhaben; er steht
über Geburt und Tod; er wird von den Übeln
des Lebens nicht berührt.

Selig ist, wer eine Verkörperung der
Wahrheit geworden ist; denn er hat seinen
Zweck erfüllt, und ist eins mit sich selbst und
der Wahrheit. Er überwindet, wenn er auch
verwundet werden kann; er ist glorreich und
glücklich, wenn er auch zu leiden hat; er ist
stark, wenn er auch durch die Last seines
Werkes niedergedrückt wird; er ist unsterblich, obgleich er stirbt. Das Wesen seiner
Seele ist die Unsterblichkeit.

Selig ist, wer den heiligen Zustand der
Buddhaschaft erreicht hat; denn er ist fähig,
seinen Mitmenschen Erlösung zu bringen.
Die Wahrheit hat ihre Wohnung in ihm auf-
geschlagen; vollkommene Weisheit erleuchtet
seinen Verstand und die Rechtschaffenheit
beseelt die Absicht in allen seinen Handlungen.

Die Wahrheit ist eine lebendige, fürs Gute
wirkende Kraft, unzerstörbar und unbesieg-

bar. Lasst die Wahrheit in eurer Seele offenbar werden und verbreitet sie unter den Menschen; denn die Wahrheit allein ist der Erlöser von Sünde und Trübsal. Die Wahrheit ist Buddha und Buddha ist die Wahrheit. Gesegnet sei Buddha.

IV.

Buddhas Geburt.

In Kapilavastu herrschte ein Shâkya-König, der starken Herzens und von jedermann hochgeachtet war. Er war ein Nachkomme der Ikshvâku, welche sich Gautama nennen, und sein Name war Shuddhôdana oder „Reiner Reis".

Seine Frau Mâyâ-dêvî war so schön als wie die Wasserlilie und ihre Seele so rein wie der Lotus. Wie die Himmelskönigin so lebte sie auf der Erde, unbefleckt von Begierde und fehlerlos.

Der König, ihr Gemahl, ehrte sie in ihrer Heiligkeit, und der Geist der Wahrheit stieg auf sie herab.

Als sie erkannte, dass die Stunde nahe war, Mutter zu werden, bat sie den König, sie nach Hause zu ihren Eltern zu senden, und Shuddhôdana, der sehr für seine Frau und das Kind, das sie unter dem Herzen trug, besorgt war, willfahrte ihrer Bitte gern.

Als sie durch den Garten von Lumbinî ging, kam die Stunde; ihr Lager wurde unter einem hohen Atlasbaum bereitet, und das Kind kam auf die Welt, strahlend und vollkommen, wie die aufgehende Sonne.

Alle Welten wurden mit Licht überflutet. Die Blinden erlangten ihre Sehkraft, indem sie sich darnach sehnten, die nahende Herrlichkeit des Herrn zu sehen; Taube und Stumme sprachen miteinander von den guten Anzeichen, welche die Geburt Buddhas verkündeten. Die Verkrüppelten wurden gerade, und die Lahmen konnten gehen. Alle Gefangenen wurden von ihren Ketten frei und alle Höllen wurden ausgelöscht.

Am Firmamente bildeten sich keine Wolken und die unreinen Ströme wurden klar; himmlische Musik ertönte in der Luft und die Engel jubelten freudevoll, nicht aus selbstsüchtiger oder teilweiser Freude, sondern des Gesetzes willen; denn die in dem Ocean des Schmerzes versunkene Schöpfung sollte jetzt Erlösung erlangen.

Die Stimmen der Tiere schwiegen, alle bös-
willigen Wesen erhielten ein liebendes Herz,
und Friede herrschte auf Erden. Nur Mâra,
der Böse, er allein trauerte und freute sich nicht.

Die Nâga-Könige, welche ernstlich wünsch-
ten, ihre Ehrfurcht für das höchst ausgezeichnete Gesetz darzuthun, so wie sie frühere
Buddhas verehrt hatten, gingen hin, um den
Bôdhisattva zu treffen. Sie streuten Mandâra-
Blumen vor ihm aus und freuten sich mit
herzlicher Lust, ihre ehrfurchtsvolle Andacht
darzubringen.

Der königliche Vater dachte über die Be-
deutung dieser Zeichen nach, und war bald
voller Freude und bald sehr bekümmert.

Die Königin-Mutter sah ihr Kind und die
Bewegung, welche seine Geburt erzeugt hatte,
und in ihrem schüchternen Frauenherzen
fühlte sie die Schmerzen des Zweifels.

An ihrem Lager stand ein altes Weib und
flehte zum Himmel um Segen für das Kind.

Damals lebte in dem Wäldchen Asita, ein
Weiser, als Eremit. Er war ein Brahmine
von würdigem Aussehen, berühmt nicht nur

wegen seiner Weisheit und Gelehrsamkeit, sondern auch wegen seiner Kunst im Zeichendeuten; und der König lud ihn ein, das königliche Kind zu sehen.

Der Seher betrachtete den Prinzen und fing an zu weinen und tief zu seufzen; und als der König Asitas Thränen sah, da wurde ihm bange und er sprach: „Weshalb hat der Anblick meines Sohnes Dir Kummer und Schmerz gemacht?“

Aber Asitas Herz war freudevoll, und da er sah, dass der König verwirrt war, sprach er zu ihm und sagte:

„Der König, gleich dem Vollmonde, sollte sich sehr freuen; denn es ist ihm ein wunderbar grosser Sohn zu teil geworden.

„Nicht Brahma bete ich an, wohl aber dieses Kind, und die Götter werden aus ihren Tempeln herniedersteigen von ihren Ehrenplätzen und es anbeten.

„Verbanne alle Sorge und Zweifel. Die geistigen Zeichen, welche offenbar wurden, bedeuten, dass dieses jetzt geborene Kind der ganzen Welt Erlösung bringen wird.

„Ich dachte daran, dass ich selbst alt bin, und ich konnte deshalb meine Thränen nicht zurückhalten; denn ich sehe mein Ende nahen. Aber dieser Dein Sohn wird die Welt beherrschen. Er ist zum Segen von allem, das lebt, geboren.

„Seine reine Lehre wird dem Ufer gleichen, das die Schiffbrüchigen aufnimmt. Die Kraft seines Gedankens wird wie der kühle See sein, und alle Geschöpfe, die von der Dürre der Lust schmachten, können nach Lust davon trinken.

„Er wird über dem Feuer der Habsucht die Wolke seiner Gnade aufsteigen lassen, damit der Regen des Gesetzes es auslöschen kann.

„Die schweren Pforten der Verzagtheit wird er öffnen und allen Geschöpfen, die in den selbstgeknüpften Maschen der Thorheit und Unwissenheit gefangen sind, die Freiheit geben.

„Der König des Gesetzes ist erschienen, um alle aus der Gefangenschaft zu befreien, die arm, elend und hilflos sind.“

Als die königlichen Eltern Asitas Worte hörten, freuten sie sich im Herzen und nannten das neugeborene Kind Siddhârtha, d. h. „Der, welcher seine Bestimmung erfüllt hat".

Und die Königin sprach zu ihrer Schwester Prajâpatî: „Eine Mutter, welche einen künftigen Buddha geboren hat, wird niemals ein anderes Kind gebären. Bald werde ich diese Welt verlassen, meinen Gemahl, den König, und mein Kind. Wenn ich dahingegangen bin, sei Du eine Mutter für ihn."

Und Prajâpatî vergoss Thränen und gab das Versprechen.

Als die Königin von den Lebenden geschieden war, da nahm Prajâpatî den Knaben zu sich und zog ihn auf. Und wie der Mond allmählich wächst, so nahm das königliche Kind täglich an Geist und an Körper zu, und Wahrhaftigkeit und Liebe wohnten in seinem Herzen.

V.

Die Bande des Lebens.

———

Als Siddhârtha ein Jüngling geworden war, wünschte sein Vater ihn zu verheiraten, und er sandte Boten zu allen seinen Verbündeten und befahl denselben, ihre Prinzessinnen zu bringen, damit der Prinz eine davon als sein Weib wählen könne.

Aber die Verbündeten antworteten und sprachen: „Der Prinz ist jung und zart, und er hat noch keine Wissenschaften gelernt. Er würde nicht fähig sein, unsere Tochter zu ernähren, und wenn ein Krieg ausbrechen würde, so wäre er nicht imstande, sich mit dem Feinde zu messen."

Der Prinz war kein Lärmer, sondern zurückgezogen in seinem Wesen. Er hielt sich gerne unter dem grossen Jambu - Baume im Garten seines Vaters auf. Er beobachtete das Treiben der Welt und widmete sich dem Nachdenken.

Und der Prinz sprach zu seinem Vater: „Lade Deine Verbündeten ein, damit sie mich sehen und meine Kraft prüfen können." Und der Vater that, was der Sohn ihm riet.

Als die Verbündeten kamen, und die Bewohner der Stadt Kapilavastu sich versammelt hatten, um die Tapferkeit und die Kenntnisse des Prinzen zu prüfen, da bewies er sich als ein Mann in allen Thaten, sowohl des Körpers als des Geistes, und unter den Jünglingen und Männern Indiens war keiner, der ihn übertreffen konnte, weder an körperlicher noch an geistiger Kraft und Kunst.

Er beantwortete alle Fragen der Weisen; aber wenn er sie befragte, so konnten ihm selbst die Weisesten unter ihnen keine Antwort geben.

Dann wählte sich Siddhârtha ein Weib. Er wählte sich Yashôdarâ, seine Muhme, die edle Tochter des Königs von Kôli, aus. Und Yashôdharâ wurde dem Prinzen vermählt.

In ihrer Ehe wurde ein Sohn geboren, den sie Râhula nannten, und der König Shuddhôdana, froh, dass seinem Sohne ein Erbe geboren ward, sprach: „Der Prinz hat einen

Sohn erzeugt und wird ihn ebenso sehr lieben, als ich den Prinzen liebe. Dies wird ein starkes Band sein, welches Siddhârthas Herz an die Interessen der Welt binden wird, und das Reich der Shâkyas wird unter dem Scepter meiner Nachkommen bleiben."

Der Prinz Siddhârtha, ohne dabei einen selbstsüchtigen Zweck zu verfolgen, aber indem er auf sein Kind und die Welt im allgemeinen Rücksicht nahm, kam seinen religiösen Verpflichtungen nach. Er badete seinen Körper in dem heiligen Ganges und reinigte sein Herz in den Wassern des Gesetzes. So wie die Menschen ihren Kindern Ruhe zu geben wünschen, so sehnte er sich darnach, der Welt den Frieden zu geben.

VI.

Die drei Wehe.

Der Palast, welchen der König dem Prinzen gegeben hatte, strahlte durch seinen Reichtum an allem irdischen Luxus, denn der König wünschte seinen Sohn glücklich zu sehen.

Aller betrübende Anblick, alles Elend und alle Kenntnis desselben wurden Siddhârtha vorenthalten und er wusste nicht, dass es in der Welt Leiden giebt.

Aber wie der gefesselte Elefant sich nach der Wildnis des Jungels sehnt, so war der Prinz begierig, die Welt zu sehen, und er bat seinen Vater um die Erlaubnis dazu.

Und Shuddhôdana befahl, dass man einen mit Juwelen bedeckten Wagen mit vier stattlichen Pferden bereit halten und die Strassen, durch die sein Sohn fahren würde, schmücken solle.

Da wurden die Strassen der Stadt mit Vorhängen und Bannern geschmückt, und die Zuschauer stellten sich auf beiden Seiten auf, gierig den Anblick des Erben des Thrones zu erhaschen. So fuhr Siddhârtha mit Channa, seinem Rosselenker, durch die Strassen der Stadt, hinaus aufs Land, das von kleinen Strömen bewässert und mit freundlichen Bäumen bewaldet war.

Da trafen sie am Wege einen alten Mann. Als der Prinz den gebeugten Körper desselben, sein runzliges Gesicht und kummervolles Antlitz sah, da sprach er zu seinem Rosselenker: „Was ist dieses Geschöpf? Sein Kopf ist grau, seine Augen triefen, und sein Körper ist verschrumpft. Er kann sich kaum an seinem Stocke aufrecht erhalten."

Der Rosselenker kam sehr in Verlegenheit und wagte es kaum, die Wahrheit zu sagen. Er sprach: „Dies sind die Erscheinungen des Alters. Dieser Mensch war einstmals ein säugendes Kind, dann ein Jüngling voll brausenden Lebens, aber jetzt, nachdem Jahre dahingegangen sind, ist seine Schönheit fort und die Kraft seines Lebens ist verschwendet."

Diese Worte des Rosselenkers machten auf Siddhârtha einen grossen Eindruck, und er seufzte wegen dem Weh, welches das Alter mit sich bringt. „Wie kann der Mensch Lust oder Freude haben,“ so dachte er bei sich selbst, „wenn er weiss, wie frühe sie verdorren und schwinden!“

Und als sie weiter fuhren, sahen sie einen Kranken am Wege, der mühsam nach Atem rang; sein Körper war entstellt, von Krämpfen erschüttert und er stöhnte vor Schmerz.

Der Prinz fragte seinen Rosselenker: „Was ist das für ein Mensch?“ und der Rosselenker antwortete und sprach: „Dieser Mann ist krank. Die vier Elemente seines Körpers sind verwirrt und ausser Ordnung geraten. Wir alle sind solchen Zuständen ausgesetzt, die Armen sowohl als die Reichen, die Unwissenden und die Weisen, alle Geschöpfe, die Körper haben, können davon befallen werden.“

Da wurde Siddhârtha noch mehr bewegt. Alle Vergnügungen erschienen ihm jetzt wertlos und ihn ekelte vor den Freuden des Lebens.

Der Rosselenker trieb die Pferde an, um schneller diesem betrübenden Anblicke zu entrinnen, aber sie hielten plötzlich in ihrem feurigen Laufe an.

Vier Menschen kamen den Weg entlang und trugen einen Leichnam, und der Prinz, schaudernd beim Anblicke des leblosen Körpers, fragte den Rosselenker: „Was ist das, was da getragen wird? Da sind Bänder und Blumenkränze, aber die Leute, welche folgen, sind mit Kummer erfüllt."

Darauf antwortete der Rosselenker: „Dies ist ein toter Mensch. Sein Körper ist steif, sein Leben ist fort, seine Gedanken stehen still, seine Familie und die Freunde, die ihn liebten, tragen jetzt den Leichnam zu Grabe."

Da befiel den Prinzen Angst und Schrecken, und er fragte: „Ist dies der einzige tote Mensch, oder giebt es noch mehr solche in der Welt?"

Mit schwerem Herzen antwortete der Wagenlenker: „So ist es überall in der Welt. Wer zu leben anfängt, muss aufhören zu leben. Vor dem Tode giebt es kein Entrinnen."

Mit zurückgehaltenem Atem und stammelnd rief der Prinz aus: „O weltliche Men-

schen! Wie unheilvoll ist eure Täuschung!
Eure Körper werden ohne Erbarmen in Staub
zerfallen, dennoch lebt ihr sorglos und ohne
an dieses Ende zu denken."

Als der Rosselenker den tiefen Eindruck
sah, den das Gesehene auf des Prinzen Gemüt machte, da wandte er seine Pferde und
fuhr zurück nach der Stadt.

Als sie an den Palästen der Edelleute
vorüberfuhren, sah Krishâ Gautamî, eine junge
Prinzessin und Nichte des Königs, Siddhârtha
in seiner männlichen Schönheit, und als sie
den tiefen Ernst, der auf seinem Antlitze
lagerte, sah, rief sie aus: „Glücklich ist der
Vater, der Dich erzeugte; glücklich die Mutter,
die Dich säugte; glücklich die Frau, die einen
so herrlichen Herrn ihren Mann nennt."

Der Prinz hörte dies, grüsste und sprach:
„Glücklich sind diejenigen, welche die Erlösung gefunden. Ich sehne mich nach
Seelenruhe und bin entschlossen, die Seligkeit
Nirvânas zu suchen." Dann gab er ihr sein
kostbares Perlenhalsband, das er trug, als
Belohnung für den Unterricht, den er von
ihr erhalten hatte, und kehrte nach Hause
zurück.

Siddhârtha blickte mit Geringschätzung auf die Kostbarkeiten seines Palastes. Seine Frau hiess ihn willkommen und bat ihn, die Ursache seines Kummers zu sagen; und er sprach: „Ich sah überall den Eindruck der Veränderung; deshalb ist mein Herz schwer. Die Menschen werden alt, erkranken und sterben. Diese Kenntnis genügt, um mir den Geschmack am Leben zu nehmen."

Als der König, sein Vater, erfuhr, dass das Herz des Prinzen sich dem Vergnügen abgewendet hatte, da überwältigte ihn die Sorge und der Kummer drang in sein Herz wie ein Schwert.

VII.

Buddhas Entsagung.

Es war Nacht. Der Prinz fand auf seinen weichen Kissen keine Ruhe; er erhob sich und ging hinaus in den Garten. „Wehe!" rief er aus, „die Welt ist voll Finsternis und Unwissenheit! Giebt es denn keinen, der die Leiden des Daseins heilen kann?" Und er seufzte im Übermass seines Schmerzes.

Siddhârtha setzte sich unter den grossen Jambu-Baum und gab sich dem Nachdenken hin. Er dachte nach über Leben und Tod und die Übel des Zerfalles. Er sammelte seinen Geist und wurde dadurch frei von Verwirrung. Alle niedrigen Begierden verschwanden aus seinem Herzen und eine vollkommene Ruhe kam über ihn.

In diesem Zustande der Verzückung sah er mit geistigem Auge alle Trübsal und Kummer der Welt. Er sah die Leiden, welche die Lust mit sich bringt und die unvermeidliche Gewissheit des Todes, der über jedes Wesen verhängt ist; und ein tiefes Mitleid ergriff sein Herz.

Während der Prinz über das Rätsel des Übels nachdachte, sah er mit geistigem Auge unter dem Jambu-Baum eine erhabene Gestalt, voll Majestät, ruhig und würdevoll.

„Woher kommst Du, und wer bist Du?" fragte der Prinz.

Die Erscheinung antwortete ihm und sprach: „Ich bin ein Shrâmana*). Der Gedanke des Altwerdens, der Krankheit und des Todes betrübte mich, und ich verliess meine Heimat, um den Weg zur Erlösung zu finden. Alle Dinge eilen ihrem Untergange entgegen; nur die Wahrheit bleibt ewig. Alles verändert sich und es giebt nichts, das beständig ist; dennoch sind die Worte der Buddhas unwandelbar. Ich sehne mich nach jener Glückseligkeit, die nicht verdirbt, nach dem Schatze, der niemals verloren geht, nach dem Leben, das weder Anfang noch Ende hat. Deshalb habe ich alle weltlichen Gedanken verworfen. Ich habe mich in ein ab-

---

*) Asketiker.

gelegenes Thal zurückgezogen, um in Einsamkeit zu leben; ich erbettle Nahrung und widme mich dem einen Dinge, das nötig ist."

Siddhârtha sprach: „Kann in dieser Welt voll Unruhe der Frieden gefunden werden? Ich bin von der Leerheit des Vergnügens überzeugt und Belustigung ekelt mich an. Alles drückt mich nieder und selbst das Dasein scheint mir unerträglich zu sein."

Der Shrâmana antwortete: „Wo Hitze ist, da ist auch die Möglichkeit der Kälte; die Geschöpfe, welche dem Schmerz unterworfen sind, haben auch die Fähigkeit, sich zu freuen: der Ursprung des Übels weist darauf hin, dass das Gute sich entwickeln kann; denn diese Dinge bedingen sich gegenseitig. Wo deshalb viel Leiden ist, da wird grosse Seligkeit sein, wenn Du nur Deine Augen öffnest, um sie zu finden. So wie ein Mensch, der in eine Schmutzlache gefallen ist, nach einem grossen Teiche in der Nähe voll klaren Wassers, das mit Lotusblumen bedeckt ist, suchen soll, so sollst Du nach dem grossen todlosen See von Nirvâna suchen, um die Unreinigkeit der Sünde abzuwaschen. Wird

dieser See nicht gesucht, so ist es nicht die
Schuld des Seees, und so auch, wenn es einen
segenbringenden Weg giebt, welcher den
durch die Sünde festgehaltenen Menschen
zur Erlösung in Nirvâna führt, und er diesen
Weg nicht geht, so ist es nicht die Schuld
dieses Weges, sondern des Menschen. Und
wenn ein Mensch, der an einer Krankheit
darniederliegt, weiss, dass ein Arzt in der
Nähe ist, der ihn heilen kann, und er nimmt
seine Hilfe nicht in Anspruch, so ist es nicht
des Arztes Schuld. Ebenso, wenn ein Mensch
an der Krankheit des Bösethuns darniederliegt, und nicht den geistigen Führer der Erleuchtung sucht, so ist dies nicht die Schuld
dieses Führers, der alle Sünde zerstört."

Der Prinz hörte auf die edlen Worte seines
Besuchers und sprach: „Du bringst mir gute
Nachricht; denn jetzt erkenne ich, dass meine
Bestimmung erfüllt sein wird. Mein Vater
rät mir, das Leben zu geniessen und weltliche Pflichten zu übernehmen, die mir und
meinem Hause Ehren bringen werden. Er
sagt mir, dass ich noch zu jung bin und meine
Pulse zu kräftig, um ein religiöses Leben zu
führen."

Die ehrwürdige Erscheinung schüttelte das Haupt und antwortete: „Du solltest wissen, dass, um die Wahrheit zu suchen, es keine Zeit giebt, die dazu nicht gelegen ist."

Ein Freudenschauer durchbebte Siddhârthas Herz. „Jetzt ist es Zeit," sprach er, „die Wahrheit zu suchen. Jetzt ist es Zeit, alle Bande zu trennen, die mich verhindern würden, vollkommene Erleuchtung zu finden; jetzt ist es Zeit, um in die Wildnis zu wandern, ein Bettlerleben zu führen und den Weg zur Erlösung zu finden*)."

Der himmlische Bote hörte Siddhârthas Entschluss und lobte ihn.

„Jetzt ist es in der That Zeit, die Wahrheit zu suchen," fügte er hinzu. „Gehe, Siddhârtha, und erfülle Deine Bestimmung; denn Du bist Bôdhisattwa**), der erwählte Buddha; Du bist zum Retter und Erlöser der Welt bestimmt.

---

*) Es ist hier von keinem selbstsüchtigen Betteln die Rede; sondern ein Buddha ist der Wohlthäter derjenigen, die ihm opfern; d. h. er ist die personifizierte göttliche Liebe selbst, welche als siebenfacher Segen auf diejenigen niedersteigt, welche sich ihr in selbstloser Liebe nahen.

(Bhagavad Gita, IX, 26.)

**) Einer, dessen Wesen (Sattwa) das Licht (bôdhi) ist.

„Du bist Tathâgata*), der Vollkommene; denn Du wirst das Gesetz der Gerechtigkeit erfüllen, und Dharma-râja**), der König der Wahrheit, sein. Du bist Bhagavant***), der Gesegnete, denn Du bist dazu berufen, der Retter und Erlöser der Welt zu werden.

„Erfülle Du die Vollkommenheit der Wahrheit. Wenn auch ein Blitzstrahl auf Dein Haupt niederfährt, gieb nie den Verlockungen nach, welche die Menschen vom Pfade der Wahrheit abwendig machen. Wie die Sonne zu jeder Zeit ihren eigenen Lauf und nie einen anderen nimmt, so verlasse nie den Pfad der Gerechtigkeit, und Du wirst ein Buddha werden.

„Harre aus in Deinem Suchen, und Du wirst finden, was Du suchst. Verfolge das, was Du Dir vorgesetzt hast, ohne zu wanken, und Du wirst die Krone erlangen. Kämpfe ernsthaft und Du wirst siegen. Die Segnungen aller Götter, aller Heiligen, und aller, die nach dem Lichte suchen, ruhen auf Dir und himmlische Weisheit leitet Deine Schritte.

---

*) Die personifizierte Vollkommenheit.

**) Dharma. Das Gesetz des Daseins. Die Wahrheit.

***) Der Verdienstvolle.

Du wirst Buddha werden, unser Meister und Herr, Du wirst die Welt erleuchten und die Menschheit vom Verderben retten."

Nachdem die Erscheinung dies gesprochen, verschwand sie, und Siddhârthas Seele war mit Frieden erfüllt. Er sprach zu sich selbst:

„Ich bin zum Bewusstsein der Wahrheit erwacht und habe mich entschlossen, meine Bestimmung zu erfüllen. Ich will alle Bande lösen, die mich an die Welt binden; ich will meine Heimat verlassen, um den Weg der Erlösung zu suchen.

„Die Buddhas sind Wesen, deren Worte nicht irren können; in ihren Reden gehen sie von der Wahrheit nicht ab.

„Denn wie das Herniederfallen eines in die Luft geworfenen Steines, wie der Tod eines Sterblichen, wie der Sonnenaufgang am Morgen, wie das Gebrülle des Löwen, wenn er seine Höhle verlässt, wie die Entbindung einer schwangeren Frau, wie alle diese Dinge bestimmt und sicher sind, ebenso ist das Wort der Buddhas sicher und kann sich nicht irren.

„Wahrlich! Ich will ein Buddha werden."

Der Prinz kehrte zurück in das Schlafzimmer seiner Frau, um einen letzten Abschiedsblick auf diejenigen zu werfen, welche ihm lieber waren als alle Schätze der Erde. Er sehnte sich darnach, noch einmal seinen Knaben in seine Arme zu nehmen und ihm einen Abschiedskuss zu geben; aber das Kind lag in den Armen der Mutter, und er hätte ihn nicht aufnehmen können, ohne beide zu wecken.

Da stand Siddhârtha und betrachtete sein schönes Weib und seinen geliebten Sohn, und sein Herz trauerte. Der Schmerz der Trennung kam gewaltsam über ihn, und obgleich er fest entschlossen war, dass nichts, sei es gut oder böse, ihn in seinem Vorsatz erschüttern solle, so flossen dennoch die Thränen reichlich von seinen Augen, und es überstieg seine Kraft, dieselben zurückzuhalten oder zu unterdrücken.

Mit männlichem Mute riss der Prinz sich los; er unterdrückte seine Gefühle, löschte aber das Gedächtnis daran nicht aus. Er bestieg sein Ross Kantaka, und da er die Thore der Burg weit offen fand, so ritt er hinaus in die stille Nacht, nur von seinem treuen Rosselenker Channa begleitet.

So entsagte der Prinz Siddhârtha den Lüsten der Welt, opferte sein Königreich auf, trennte alle Bande und ging hinaus in die Heimatlosigkeit.

Dunkelheit war auf der Erde, aber am Himmel strahlten die Sterne.

Siddhârtha hatte seine wallenden Locken abgeschnitten und sein königliches Gewand für ein schlechtes erdfarbenes Kleid vertauscht. Er hatte Channa, den Rosselenker, mit der edlen Stute Kantaka zum Könige Shuddhôdana gesandt, um ihm die Botschaft zu bringen, dass der Prinz die Welt verlassen hätte, und so wandelte der Bôdhisattwa auf der Landstrasse hin, mit einer Bettlerschale in seiner Hand.

Trotz alledem war die Majestät seines Geistes unter der Armseligkeit seiner Erscheinung nur schlecht verhüllt. Seine aufrechte Haltung verriet seine edle Geburt und aus seinen Augen strahlte ein Feuereifer für die Wahrheit. Die Schönheit seiner Jugend ward verklärt durch die Heiligkeit, welche sein Haupt wie mit einem Schimmer umgab.

Jedermann, der diese seltene Erscheinung sah, blickte ihn an mit Erstaunen. Diejenigen, welche eilig dahingingen, hielten ihre Schritte an und sahen sich nach ihm um, und da war keiner, der ihn nicht mit Ehrerbietung begrüsste.

Der Prinz betrat die Stadt Râjagriha und ging von Haus zu Haus, stillschweigend wartend, bis ihm Nahrung angeboten wurde. Überall, wohin der Gesegnete kam, gab man ihm, was man hatte; die Leute beugten sich vor ihm ehrfurchtsvoll und waren von Dank erfüllt, weil er sich herbeigelassen hatte, sich ihrem Hause zu nähern.

Die Alten sowohl als die Jungen waren gerührt und sagten: „Dies ist ein edler Muni*), sein Nahen bringt Segen. Welche Freude für uns!"

Und der König Bimbisâra erfuhr von der Bewegung in der Stadt und fragte nach der Ursache derselben, und nachdem er die Nachricht empfangen hatte, sandte er einen seiner Beamten, um den Fremden zu beobachten.

---

*) Ein religiöser Denker. Ein Weiser.

Als er hörte, dass der Fremde ein Shâkya und von edler Geburt zu sein scheine, und dass er sich nach dem Ufer eines Flusses im Walde begeben hätte, um dort die in der Schale gesammelte Nahrung zu geniessen, da wurde sein Herz bewegt, und er zog sein königliches Festgewand an, setzte die goldene Krone auf sein Haupt und ging hinaus mit seinen gereiften und weisen Ratgebern, um den geheimnisvollen Gast zu besuchen.

Der König sah den Muni aus dem Shâkya-Geschlechte unter einem Baume sitzen. Bimbisâra betrachtete seinen ruhigen Gesichtsausdruck und sein würdevolles Benehmen, grüsste ihn ehrerbietig und sprach:

„O Shrâmana, Deine Hände sind dazu gemacht, die Zügel eines Königreiches zu halten und nicht, um eine Bettelschale zu tragen. Würde ich nicht glauben, dass Du selbst von königlicher Abstammung bist, so würde ich Dich bitten, die Regierung meines Landes und meine königliche Macht mit mir zu teilen. Das Verlangen nach Macht steht den Edlen gut an und Reichtum ist nicht zu verachten. Reich zu werden und dabei die Religion zu verlieren, ist kein guter Gewinn;

wer aber alle drei, Macht, Reichtum und Religion besitzt und sie vernünftig und weise verwendet, den halte ich für einen grossen Meister."

Der grosse Shâkya-Muni erhob seine Augen und antwortete:

„Es ist bekannt, o König, dass Du freisinnig und religiös bist und Deine Worte sind klug. Von einem guten Menschen, der einen guten Gebrauch von seinem Reichtum macht, sagt man mit Recht, dass er einen grossen Schatz besitzt; aber der Geizige, der seinen Reichtum aufhäuft, hat keinen Gewinn.

„Barmherzigkeit bringt reichliche Zinsen; Barmherzigkeit ist der grösste Reichtum; denn obgleich er zerstreut wird, so bringt er doch keine Reue.

„Ich habe alle Ketten zerbrochen, weil ich die Befreiung suche. Wie könnte ich wieder in die Welt zurückkehren wollen? Wer die religiöse Wahrheit sucht, welche von allen Schätzen der höchste ist, muss alles zurücklassen, das ihn betrifft oder seine Gedanken in Anspruch nimmt, er muss nur das eine Ziel verfolgen. Er muss seine Seele von Habsucht und Lüsten befreien und auch von dem Verlangen nach Macht.

„Nähre die Lust nur ein wenig, und sie wird wachsen wie ein Kind. Übe weltliche Gewalt aus, und Du beladest Dich mit Sorgen.

„Besser als das Königtum über der Erde, besser als das Leben im Himmel, besser als die Herrschaft über alle Welten ist die Frucht der Heiligkeit.

„Der Bôdhisattwa hat die täuschende Natur des Reichtums erkannt, und wird nicht Gift für Nahrung nehmen.

„Wird der gefangene Fisch sich noch nach der Angel sehnen, oder der gefangene Vogel sich in das Netz verlieben?

„Der Kranke, welcher das Fieber hat, sucht eine kühlende Arznei. Sollen wir ihm raten, dasjenige zu trinken, was das Fieber vermehrt? Können wir das Feuer auslöschen, indem wir Holz dazu tragen?

„Ich bitte Dich, bemitleide mich nicht. Bemitleide lieber diejenigen, denen die Sorgen des Königtums und die Beschwerden grosser Reichtümer aufgebürdet sind. Sie geniessen dieselben mit Zittern, denn beständig bedroht sie der Verlust derjenigen Güter, an denen ihre Herzen hängen, und wenn sie sterben, so können sie weder ihr Gold noch ihr Königsdiadem mit sich nehmen. Welchen Vorzug hat ein toter König vor einem toten Bettler?

„Möchte ein Kaninchen, das aus dem Rachen der Schlange gerettet wurde, wieder in denselben zurückkehren, um verschlungen zu werden? Würde ein Mensch, der sich an einer Fackel die Hand verbrannt hat, sie noch einmal aufnehmen, nachdem er sie auf die Erde geworfen hat? Würde ein Blinder, der sehend geworden ist, seine Augen wieder zu verderben wünschen?

„Mein Herz begehrt keinen niederen Gewinn. Deshalb habe ich mein Königsdiadem hinweggethan, und ziehe es vor, frei von den Beschwerden des Lebens zu sein.

„Versuche es deshalb nicht, mich in neuen Verwandtschaften und Pflichten zu verstricken und hindere mich nicht an der Vollendung des Werkes, das ich begann.

„Es thut mir leid, Dich zu verlassen; aber ich will zu den Weisen gehen, die mich die Wahrheit lehren können, und so den Pfad finden, um dem Übel zu entrinnen.

„Möge Dein Land Frieden und Wohlhabenheit geniessen, und Weisheit auf Dein Herrschertum sich ausgiessen, wie die Strahlen der Mittagsonne. Möge Deine königliche Macht stark und die Gerechtigkeit das Scepter in Deiner Hand sein."

Da ergriff der König ehrfurchtsvoll Shâkya-Munis Hand, beugte sich vor ihm und sprach; „Mögest Du dasjenige erlangen, was Du suchst, und wann Du es erlangt hast, so bitte ich Dich, komme zurück und nimm mich als Deinen Schüler an."

Bôdhisattwa schied von dem Könige in Freundschaft und Wohlwollen, und er nahm sich in seinem Herzen vor, ihm seinen Wunsch zu erfüllen.

VIII.

Buddhas Suchen.

Unter den Brahminen waren Arâda und Udraka als Lehrer berühmt, und es gab damals niemanden, der sie an Gelehrsamkeit und philosophischem Wissen übertraf.

Bôdhisattwa ging zu ihnen und setzte sich zu ihren Füssen. Er hörte ihre Lehren vom Atmân oder dem Selbst, welches das Ego der Seele und das Thuende von allen Dingen ist. Er lernte ihre Ansichten über die Seelenwanderung und des Gesetzes des Karma; wie die Seelen von schlechten Menschen leiden müssten, indem sie in Menschen einer niedrigen Klasse, in Tieren oder in der Hölle wiedergeboren würden; während diejenigen, welche sich durch Libationen und Opfer und Selbstabtötungen gereinigt hatten, Könige, Brahminen oder Devas würden und auf immer höhere Stufen des Daseins sich erhöben. Er studierte ihre Formeln und Ceremonien, sowie die Methode, durch welche sie während ekstatischen Zuständen Befreiung des Egos vom materiellen Dasein erlangten.

Arâda sagte: „Was ist das Selbst, welches die Thätigkeiten der fünf Wurzeln der Seele, Gefühl, Geruch, Geschmack, Sehen und Hören wahrnimmt? Was ist dasjenige, welches in den zwei Arten der Bewegung thätig ist, in den Händen und in den Füssen? Das Rätsel der Seele stellt sich vor in den Ausdrücken: „Ich sage", „Ich weiss und nehme wahr", „Ich komme und gehe", oder „Ich bleibe da". Deine Seele ist nicht Dein Körper, sie ist nicht Dein Auge, nicht Dein Ohr, nicht Deine Nase, nicht Deine Zunge, noch Dein Geist. Das Ich ist der Riecher in der Nase, der Schmecker in der Zunge, der Seher im Auge, der Hörer im Ohr und der Denker im Geiste. Das Ich bewegt Deine Hände und Füsse. Das Ich ist Deine Seele. Das Dasein der Seele zu bezweifeln ist unreligiös, und wer diese Wahrheit nicht einsieht, für den giebt es keinen Weg zur Erlösung. Tiefes Grübeln verschleiert leicht die klare Einsicht und verursacht Verwirrung und Unglauben, aber die Reinigung der Seele bringt uns auf den Weg des Entrinnens. Die wahre Befreiung wird dadurch erlangt, dass man sich von der grossen Menge zurückzieht, das Leben eines Einsiedlers führt, und nur von Almosen lebt. Wenn wir alle Begierden verleugnen und mit Klarheit das Nichtvorhandensein der Materie erkennen, so erreichen wir einen Zustand völliger Leere. Hier finden wir die Bedingungen des nichtmateriellen Lebens. Wie das Monja-Gras, wenn es aus seiner hornigen Umhüllung frei gemacht ist, oder wie der aus der Gefangenschaft entronnene Vogel, so findet das Ego, wenn es sich von allen Beschränkungen frei gemacht hat, vollkommene Freiheit. Dies ist die wahre Erlösung, aber nur diejenigen, welche tiefen Glauben haben, werden lernen."

Bôdhisattwa fand keine Befriedigung in diesen Lehren. Er antwortete: „Die Menschen sind in Knechtschaft, weil sie noch nicht die Vorstellung des Ichs entfernt haben.

„Das Ding und dessen Eigenschaft sind in unserem Denken aber nicht in der Wirklichkeit von einander verschieden. Hitze ist in unserer Vorstellung vom Feuer verschieden; aber in Wirklichkeit kann man die Hitze vom Feuer nicht trennen. Du sagst: dass Du die Eigenschaften wegnehmen und das Ding (an sich) bestehen lassen kannst; wenn Du aber Deine Theorie bis zum Ende verfolgst, so wirst Du sehen, dass dies nicht so ist.

„Ist nicht der Mensch ein sehr zusammengesetzter Organismus? Bestehen wir nicht aus verschiedenen Skandhas*), wie unsere Weisen sie nennen? Der Mensch besteht aus der materiellen Form, aus Empfindung, Gedanken, Neigungen und schliesslich Verstand. Dasjenige, was man das Ego nennt, wenn man sagt: „Ich bin", ist nicht ein Wesen, das hinter den Skandhas steht; es wird durch das Zusammenwirken der Skandhas erzeugt. Da ist Seele, Empfindung, Gedanke und da ist Wahrheit, und Wahrheit ist Seele, wenn sie auf dem Pfade der Gerechtigkeit wandelt. Aber da ist kein besonderes Seelen-Ich, ausserhalb oder hinter dem Gedanken des Menschen. Wer glaubt, dass das Ego ein (von seiner Natur) verschiedenes Ding ist, der hat nicht die richtige Vorstellung von der Natur der Dinge. Schon

---

*) Elemente oder Eigenschaften (Tattwas).

das Suchen nach Atmân ist unrecht; man geht dabei von falschen Voraussetzungen aus und wird in eine falsche Richtung geführt*).

„Wie viel Verwirrung des Denkens kommt von unserem Interesse in (unser) Selbst und von unserer Eitelkeit, wenn wir denken: „Ich bin so gross!" oder „Ich habe dieses erstaunliche Werk vollbracht!" Die Vorstellung von unserem Ich steht zwischen unserer rationellen Natur und der Wahrheit; verbanne sie, und Du wirst dann die Dinge sehen, so wie sie in Wirklichkeit sind. Wer richtig denkt, wird sich aus Unwissenheit befreien und Weisheit erlangen. Die Ideen: „Ich bin" und „Ich werde sein", oder „Ich werde nicht sein" finden keinen Platz in einem klaren Denker.

„Überdies, wenn Dein E g o zurückbleibt, wie kannst Du wahre Befreiung erlangen? Wenn das Ego in irgend einer der drei Welten wiedergeboren werden muss, sei es

---

*) Wer nach Gott (der Wahrheit) sucht, als ob es ein objektives, äusserliches und von ihm selbst verschiedenes Ding wäre, der entfernt sich von ihm und verschliesst sich der Erkenntnis der Gottheit, die der Grund seines eigenen Wesens ist.

auf Erden, in der Hölle, oder selbst im Himmel, so wird uns immer wieder das unvermeidliche Schicksal des Daseins treffen und wir werden in Selbstsucht und Sünde verwickelt werden.

„Alles Zusammengesetzte ist dem Getrenntwerden unterworfen, und wir können dem Geborenwerden, Krankheit, Greisenalter und Tod nicht entgehen. Ist dies ein gänzliches Entrinnen?"

Udraka sprach: „Siehst Du Dich nicht von den Wirkungen des Karma umgeben? Was macht die Menschen in Charakter, Stellung, Besitz und Schicksal von einander verschieden? Es ist ihr Karma, und das Karma schliesst Verdienst und Schuld in sich ein. Die Wanderung der Seele ist durch ihr Karma bedingt. Von früheren Daseinsperioden erben wir die bösen Wirkungen unserer bösen Thaten und die guten Wirkungen unserer guten Thaten. Wäre dies nicht so, wie könnte es anders sein?"

Der Tathâgata dachte tief über die Probleme der Seelenwanderung und das Karma nach und fand die darin enthaltene Wahrheit.

„Die Lehre vom Karma," sprach er, „kann nicht abgeleugnet werden; denn jede Wirkung hat ihre Ursache. Was man säet, das wird man ernten, und was wir ernten, muss in unseren früheren Leben gesäet worden sein.

„Ich sehe, dass die Wanderung der Seele dem Gesetze von Ursache und Wirkung unterworfen ist; denn die Schicksale der Menschen sind von ihnen selber geschaffen; aber ich sehe keine Wanderung des I c h s.

„Ist nicht diese meine Individualität eine Zusammensetzung, materieller sowohl als geistiger Natur? Ist sie nicht aus Eigenschaften zusammengesetzt, die durch eine stufenweise Entwicklung ins Dasein kamen? Die fünf Wurzeln der Sinnenwahrnehmungen in diesem Organismus stammen von den Vorfahren, welche diese Funktionen ausübten. Die Ideen, welche ich denke, kamen zu mir teils von anderen, die dieselben gedacht haben, und teils entstehen sie aus Zusammensetzungen von solchen Ideen in meinem eigenen Geiste. Diejenigen, welche dieselben Sinnesorgane brauchten, und dieselben Ideen dachten, ehe ich in diese meine Individualität zusammenwuchs, sind meine früheren

Existenzen; sie sind ebenso sehr meine Vorfahren, als mein Ich von gestern der Vater
des Ichs ist, welches ich heute bin, und
das Karma meiner vergangenen Thaten bedingt das Schicksal meines gegenwärtigen
Daseins.

„Nehmen wir an, es gäbe einen Atmân
(Selbst), welcher die Thätigkeiten der Sinne
ausübt, so würde daraus folgen, dass, wenn
die Thüre des Sehens niedergerissen und das
Auge herausgenommen wäre, der Atmân
durch die dadurch vergrösserte Öffnung
blicken und die Formen in seiner Umgebung
noch besser sehen könnte, als vorher. Er
könnte dann Töne besser hören, wenn die
Ohren entfernt würden; besser riechen, wenn
man die Nase abschnitte, besser schmecken,
wenn die Zunge herausgerissen wäre, und
besser fühlen, wenn der Körper zerstört wäre.

„Ich erkenne die Erhaltung und das
Wandern der Seele; ich erkenne die Wahrheit des Karma, aber ich sehe keinen Atmân,
welcher eueren Lehren gemäss der Voll-
bringer euerer Thaten sein soll; denn dieser
Atmân, dieses „Selbst", dieses Ego in „Ich
sage" und „Ich will" ist eine Täuschung.

Wäre dieses (sogenannte) Selbst eine Wirklichkeit, wie könnte es da ein Entrinnen aus der Selbstheit geben? Die Schrecken der Hölle würden ohne Ende sein und es gäbe keine Erlösung. Die Leiden unseres Daseins würden dann nicht aus unserer Unwissenheit und Sünde entspringen, sondern der wesentliche Teil unseres Wesens sein *)."

Und Bôdhisattwa ging zu den Priestern, die in den Tempeln walteten. Aber das Herz des mitleidsvollen Shâkya-Muni empörte sich, als er die unnötigen Grausamkeiten sah, welche an den Altären der Götter verübt wurden, und er sprach:

---

*) Mit anderen Worten: „Wäre unser scheinbares Ich, anstatt eine auf falscher Vorstellung beruhende Täuschung zu sein, etwas Wirkliches, Wesentliches und folglich Ewiges, Selbstexistierendes, aus sich selbst Hervorgegangenes, so wäre es Gott, unendlich und unveränderlich. Es gäbe dann ebensoviele Götter in der Welt, als es vom Grössenwahne besessene Menschen giebt, und da diese Menschen unvollkommen und sogar viele davon ganz verkehrter Natur sind, so wären diese Götter Tölpel und Teufel in Menschengestalt. Es kann nur einen einzigen Gott (eine einzige Wahrheit) im Weltall geben, und seine Wesenheit ist eines jeden Menschen, wenn auch unbewusstes, tiefinnerstes Selbst. Die Erkenntnis dieses alleinigen Selbsts in allen Formen und Erscheinungen ist die göttliche Liebe, das wahre Selbstbewusstsein, die wahre Gotteserkenntnis und Selbsterkenntnis oder „Theosophie". Siehe: Bhagavad Gita. X. 20.

„Nur aus Unwissenheit bereiten diese
Leute Festlichkeiten und veranstalten grosse
Versammlungen, um Opfer zu bringen. Viel
besser wäre es, der Wahrheit die Ehre zu
geben, als zu versuchen, die Götter durch
Blutvergiessen zu versöhnen.

„Was für eine Liebe kann ein Mensch
haben, der sich einbildet, dass die Zerstörung
von lebenden Geschöpfen eine Sühne für
Übelthaten sei? Kann man durch eine neue
Übelthat böse Thaten abbüssen? Können
die Sünden der Menschheit dadurch hinweg-
genommen werden, dass man ein schuldloses
Opfer schlachtet? Dies ist eine Ausübung
der Religion auf Kosten der Moral.

„Reinigt eure Herzen und tötet nicht.
Dies ist die wahre Religion.

„Ceremonien bewirken nichts; Gebete
sind leere Worte; Singen und Plärren kann
uns nicht retten. Aber die Habsucht und
Geilheit aufzugeben; frei von bösen Leidenschaften zu werden, allen Hass und alles Übel-
wollen zu verlassen; dies ist die wahre Opferung
und der richtige Gottesdienst."

IX.

Uruvilvâ, der Ort der Abtötung.

Bôdhisattwa ging, um ein besseres System zu finden, und kam zu einer Niederlassung von fünf Bhikshus (Bettelmönchen) in der Wildnis von Uruvilvâ, und als der Gesegnete das Leben dieser fünf Menschen sah, welche ihre Sinne tugendhaft im Zügel hielten, ihre Leidenschaften unterdrückten und strenge Selbstzucht hielten, da bewunderte er ihren Eifer und gesellte sich ihnen bei.

Mit heiligem Ernst und starkem Willen gab Shâkya-Muni sich der Abtötung und weisem Nachdenken hin. So strenge auch die fünf Bhikshus mit sich selbst verfuhren, Shâkya-Muni verfuhr noch strenger, und sie verehrten ihn als ihren Meister.

Auf diese Weise fuhr Bôdhisattwa sechs Jahre lang fort, sich zu martern und die Ansprüche seiner Natur zu unterdrücken. Er

erzog seinen Körper und übte seinen Geist
in allen Arten des strengsten asketischen
Lebens. Schliesslich ass er nur mehr täglich
einen einzigen Hanfsamen. Er strebte, den
Ocean der Geburt und des Todes zu kreuzen
und an dem Ufer der Erlösung anzugelangen.

Bôdhisattwa war zusammengeschrumpft
und mager geworden, und sein Körper war
wie ein dürrer Ast; aber der Ruf seiner Heiligkeit verbreitete sich in der Umgebung und
die Leute kamen von grosser Ferne, um ihn
zu sehen und seinen Segen zu empfangen.

Aber der Heilige war nicht zufrieden.
Er suchte nach wahrer Weisheit, fand sie
aber nicht, und er kam zu der Überzeugung,
dass die Abtötung die Begierde nicht auslöschen und Aufklärung durch ekstatische
Meditation verleihen könne.

Unter einem Jambu-Baume sitzend, betrachtete er den Zustand seines Gemüts
und die Früchte seiner Abtötung. „Mein
Körper ist immer schwächer geworden," so
dachte er, „und mein Fasten hat mich in
meinem Suchen nach Erlösung nicht weiter
gebracht. Dies ist nicht der rechte Weg.

Besser wäre es, durch Nahrung und Trank meinen Körper zu kräftigen, und dadurch den Geist zu befähigen, sich zu sammeln."

Er ging, um sich im Flusse zu baden; als er aber aus dem Wasser herausgehen wollte, war er zu schwach, um sich zu erheben. Er ergriff den überhängenden Zweig eines Baumes, zog sich daran empor, und kam aus dem Flusse heraus.

Als er nach seiner Wohnung zurückkehrte, schwankte er und fiel auf dem Wege nieder, und die fünf Bhikshus glaubten, er sei tot.

In der Nähe wohnte ein Besitzer von Viehherden, dessen älteste Tochter den Namen Nandâ führte, und es geschah, dass Nandâ an dem Orte vorüber ging, wo der Gesegnete in Ohnmacht gefallen war. Sie beugte sich vor ihm nieder und bot ihm Reismilch, und er nahm das Geschenk an.

Als er gegessen hatte und seine Glieder erfrischt waren, da wurde sein Geist wieder klar und er wurde stark zur Empfängnis der höchsten Erleuchtung.

Nach dieser Begebenheit nahm Bôdhisattwa wieder Nahrung zu sich. Seine Schüler, welche die Begegnung mit Nandâ gesehen hatten und die Veränderung seiner Lebensweise bemerkten, schöpften Verdacht. Sie glaubten, dass Siddhârthas religiöser Eifer schwankend geworden wäre, und dass er, den sie vorher als ihren Meister verehrt hatten, seinem hohen Ziele abtrünnig geworden sei.

Als Bôdhisattwa sah, dass die Bhikshus sich von ihm abwandten, da bedauerte er ihren Mangel an Vertrauen, und er wurde die Einsamkeit seines Lebens gewahr.

Er unterdrückte seinen Schmerz und ging allein hinweg; aber seine Schüler sagten: „Siddhârtha verlässt uns, um einen angenehmeren Aufenthalt zu suchen."

X.

Mâra, der Böse.

Der Heilige Eine wandte seine Schritte nach dem gelobten Bôdhi-Baume, unter dessen Schatten seine Hoffnung erfüllt werden sollte*).

Als er dahinschritt, bebte die Erde und ein strahlendes Licht verklärte die Welt.

*) Bôdhi ist das Licht der Weisheit. Wo anders als im Lichte der Weisheit und von dem „Baume der Weisheit" überschattet könnte der Mensch die Weisheit finden? Damit ist aber nicht gesagt, dass die ganze Erzählung nur eine Allegorie ist. Dem praktisch erfahrenen Okkultisten ist es klar, dass die ganze Welt der Erscheinungen mit allen ihren geschichtlichen Ereignissen nichts als ein äusserlicher Ausdruck, eine Verkörperung von Ideen und geistigen Gesetzen ist. Was im Innern existiert, findet im Äusserlichen seinen Ausdruck, seine Wiederspiegelung und Analogie. Demgemäss ist auch ein Buddha in seiner körperlichen Erscheinung eine geschichtliche Person, und der Bôdhi-Baum, unter welchem Siddhârtha vor 2481 Jahren zur Weisheit gelangte und ein Buddha wurde, existiert heute noch in dem allen Buddhisten heiligen Orte in Buddha Gayâ in Indien.

Als er sich niederliess, erklang der Himmel von Freude und alle lebenden Wesen wurden mit Hoffnung erfüllt.

Mâra allein, der Herr der fünf Lüste, der Bringer des Todes und Feind der Wahrheit, trauerte und freute sich nicht. Mit seinen drei Töchtern, den Versuchern und mit seinen Scharen von bösen Dämonen ging er hin zu dem Orte, wo der grosse Shrâmana sass.

Aber Shâkya-Muni kümmerte sich nicht um ihn.

Mâra stiess furchtbare Drohungen aus und rief einen Wirbelsturm hervor, so dass sich der Himmel verdunkelte und das Meer brüllte und tobte. Aber der Gesegnete unter dem Bôdhi-Baume blieb ruhig und fürchtete sich nicht. Der Erleuchtete wusste, dass ihm kein Unheil zugefügt werden konnte.

Die drei Töchter von Mâra versuchten den Bôdhisattwa, aber er gab ihnen kein Gehör, und als Mâra sah, dass er in dem Herzen des siegreichen Shrâmana das Feuer der Lust nicht entzünden konnte, da befahl er allen seinen ihm untergebenen bösen Geistern, den grossen Muni anzugreifen und ihn einzuschüchtern.

Aber der Gesegnete sah auf dieselben herab, als wie man den unschuldigen Spielen der Kinder zusieht. Aller feurige Hass der bösen Geister fruchtete nichts. Die Flammen der Hölle verwandelten sich in kühle Lüfte voll Wohlgeruch und die zuckenden Blitze wurden in Lotusblumen verwandelt.

Als Mâra dies sah, entfloh er mit seinen Heeren aus dem Bereiche des Bôdhi-Baumes. Von oben fiel ein Regen von himmlischen Blumen und die Stimmen von unsichtbaren guten Geistern wurden gehört:

„Siehe den grossen Muni! Sein Gemüt wird vom Zorne nicht bewegt; die Schar der Bösen hat ihm keine Furcht eingeflösst. Er ist rein, weise, liebend und voll von Barmherzigkeit.

„Wie die Strahlen der Sonne das Dunkel der Welt zerstreuen, so wird derjenige, welcher in seinem Suchen ausharrt, die Wahrheit finden, und die Wahrheit wird ihn erleuchten."

XI.

Die Erleuchtung.

Nachdem Bôdhisattwa Mâra vertrieben hatte, gab er sich dem Nachdenken hin. Alle Schmerzen der Welt, die Übel, welche böse Thaten verursachen und die Leiden, welche daraus entspringen, gingen an seinem geistigen Auge vorüber, und er dachte:

„Wahrlich, wenn die lebenden Kreaturen die Folgen von allen ihren bösen Thaten sehen würden, so würden sie sich mit Ekel von diesen Thaten abwenden, aber die Selbstheit macht sie blind, und sie klammern sich an ihre schädlichen Neigungen.

„Sie sind nach Vergnügungen begierig, und diese verursachen Leiden. Wenn der Tod ihre Individualität zerbricht*), so finden sie keinen

---

*) Über die Schicksale der verschiedenen Bestandteile, aus denen der Mensch zusammengesetzt ist, nach dem Tode, sowie über die Gesetze der Reinkarnation siehe „Lotusblüten“, vol. I u. II.

Frieden. Ihr Durst nach Dasein bleibt, und ihre Selbstheit erscheint in neuen Geburten.

„So fahren sie fort, sich in dem Knäuel zu bewegen und können aus der Hölle, die sie selbst machen, kein Entrinnen finden. Und wie leer sind alle ihre Vergnügungen, wie nichtig ihr Bestreben! Hohl wie der Platanenbaum und gleich Seifenblasen ohne Inhalt.

„Diese Welt ist voll Sünde und Sorge, weil sie voll Irrtum ist. Die Menschen verirren sich, weil sie meinen, dass Täuschung besser als Wahrheit sei. Lieber als der Wahrheit folgen sie dem Irrtum, welcher im Anfange lieblich anzusehen ist, aber Qual, Trübsal und Elend verursacht."

Und Bôdhisattwa fing an, Dharma (das Gesetz) zu erklären. Dharma ist die Wahrheit. Dharma ist das heilige Gesetz (des Geistes in der Natur). Dharma ist die (wahre) Religion. Dharma allein kann uns von Irrtum, Sünde und Trübsal befreien.

Der Erleuchtete dachte über den Ursprung des Geborenwerdens und Sterbens nach und erkannte, dass die Unwissenheit die Wurzel alles Übels ist. Folgendes sind die Glieder

der Kette in der Entwickelung des Lebens, welche man die zwölf Nidânas nennt:

„Im Anfange ist das Dasein blind und ohne Erkenntnis, und in diesem Meere von Unwissenheit sind bildende und organisierende Neigungen. Aus diesen bildenden und organisierenden Neigungen (Instinkten oder Gelüsten) entsteht Wahrnehmung oder Gefühl. Die Gefühle erzeugen Organismen, welche individuelle lebende Wesen darstellen. Diese Organismen entwickeln die sechs „Felder", nämlich die fünf Sinne und das Gemüt. Die sechs „Felder" kommen in Berührung mit Dingen. Die Berührung erzeugt Empfindung. Die Empfindung erzeugt den Durst nach individuellem Dasein. Der Durst nach Dasein erzeugt ein Anhängen an die Dinge. Dieses Anhängen verursacht Wachstum und Fortsetzung der Selbstheit. Die Selbstheit erzeugt erneute Geburten. Die erneuten Geburten der Selbstheit sind die Ursache des Leidens, des Alters, der Krankheiten und des Todes. Diese verursachen Klagen, Angst und Verzweiflung.

„Die Ursache von allem Leiden liegt ganz am Anfange; sie ist in der Unwissenheit verborgen, aus welcher das Leben wächst. Entferne die Unwissenheit, und du wirst die verkehrten Neigungen zerstören, welche aus der Unwissenheit entstehen. Zerstöre diese Neigungen, und du machst die verkehrte Wahrnehmung verschwinden, welche aus ihm entspringt. Zerstöre diese falsche Wahrnehmung, und du machst den Irrtümern in individualisierten Wesen ein Ende. Zerstöre die Irrtümer in individualisierten Wesen, so sind die Täuschungen der sechs „Felder" nicht mehr da. Zerstöre die Täuschungen, so wird die Berührung mit Dingen keine falschen Begriffe mehr erzeugen. Zerstöre die falschen Begriffe, so schaffst du den Durst nach (individuellem oder beschränktem Dasein) fort. Lösche diesen Durst aus, so wirst du frei von allem krankhaften Anhängen sein. Entferne dieses Anhängen, so zerstörst du die Selbstsucht der Selbstheit. Wenn die Selbstsucht der Selbstheit verschwunden ist, so bist du erhaben über das Geborenwerden, über Alter, Krankheit und Tod und du entrinnst allem Leiden."

Der Erleuchtete sah die vier hohen Wahrheiten, welche den Weg umgaben, der zum Nirvâna oder der Selbstaufopferung führt:

„Die erste hohe Wahrheit ist das Dasein

des Leidens. Das Geborenwerden ist traurig, das Aufwachsen voller Sorgen, Krankheit ist traurig und traurig ist der Tod. Betrübend ist es, an dasjenige gebunden zu werden, was man nicht mag. Noch betrübender ist die Trennung von dem, was man liebt, und schmerzhaft ist die Sehnsucht nach dem, was man nicht haben kann.

„Die zweite grosse Wahrheit ist die Ursache des Leidens. Die Ursache des Leidens ist die Lust. Die umgebende Welt wirkt auf die Empfindung und erzeugt ein brennendes Verlangen, welches nach schneller Befriedigung schreit. Die Täuschung des Selbsts hat ihren Ursprung und ihre Offenbarung in dem Hängen an Dingen. Die Begierde zu leben, um sich der Selbstheit zu erfreuen, verwickelt uns in einem Netz von Leiden. Vergnügungen sind der Köder und das Ende ist Schmerz.

„Die dritte hohe Wahrheit ist das Aufhören des Leidens. Wer sich selbst überwindet, wird frei von Lust. Er verlangt nichts mehr und die Flamme der Begierde findet keine Nahrung in ihm. So wird sie ausgelöscht werden.

„Die vierte grosse Wahrheit ist der achtfache Weg, der zum Aufhören des Leidens führt. Die Erlösung ist für denjenigen da, dessen Selbstheit vor der Wahrheit (Wirklichkeit) verschwindet, dessen Wille auf dasjenige gerichtet ist, was er thun soll, dessen ganzer Wunsch die Erfüllung seiner Pflicht ist. Wer weise ist, wird diesen Pfad betreten und dem Leiden ein Ende machen*).

„Der achtfache Weg ist:

1. Das richtige Verständnis.
2. Der richtige Entschlus.
3. Richtige (wahre) Sprache.
4. Richtiges Thun.
5. Richtige Lebensweise.
6. Richtige Bemühung.
7. Richtiges Denken.
8. Der richtige Zustand eines ruhigen Gemüts.

„Dies ist das Dharma. Dies ist die Wahrheit. Dies ist die Religion.“

Und der Erleuchtete sprach den folgenden Vers:

---

*) Wenn der zur Selbsterkenntnis der Wahrheit und dadurch zum Alldasein gelangte Mensch wieder auf der Erde oder einem anderen Planeten Gestalt annimmt und geboren wird, so geschieht dies nicht zu seinem eigenen Vorteile, sondern zum Besten der Menschheit.

„Lange bin ich umhergewandert, lange!
Gebunden durch die Kette des Verlangens,
In vielen Geburten
Suchte ich lange und vergebens,
Woher die Unruhe im Menschen kommt;
Woher seine Selbstsucht und seine Qual?
Schwer zu tragen ist Samsâra,
Wenn Schmerz und Tod uns umringen.
Gefunden! Jetzt ist sie gefunden,
Die Ursache der Selbstheit.
Nicht länger mehr sollst du ein Haus für mich bauen;
Zerbrochen ist das Gerüste der Sünde,
Der Schlussbalken der Sorge ist zertrümmert,
Mein Gemüt ist in Nirvâna eingegangen,
Das Ende der Begierden ist endlich erreicht*).“

Da ist das Selbst, und da ist die Wahrheit. Wo das Selbst ist, da ist die Wahrheit nicht. Wo die Wahrheit ist, da ist kein Selbst vorhanden. Das Selbst ist der vergängliche Irrtum der Samsâra, seine individuelle Sonderheit und der Egoismus, welcher Neid und Hass gebiert. Das Selbst ist das Streben nach Lust und die Begierde nach dem Vergänglichen. Die Wahrheit ist das richtige Verständnis der Dinge, es ist das Dauernde und Unvergängliche, das Wirkliche in allem Dasein, die Seligkeit der Rechtschaffenheit**).

---

*) Vergl. Edwin Arnold: „Die Leuchte Asiens.“
**) Vergl. Bhagavad Gita, X, und Tattwa Bodha.

Das Vorhandensein des Selbsts ist eine Täuschung und es giebt kein Unrecht in der Welt, kein Laster, keine Sünde, die nicht der Bejahung der Selbstheit entspringt.

Die Erlangung der Wahrheit ist nur dann möglich, wenn das Selbst als eine Täuschung erkannt wird. Gerechtigkeit kann erst dann ausgeübt werden, wenn wir uns von der Leidenschaft des Selbstwahnes befreit haben. Vollkommener Friede kann nur dort herrschen, wo alle Eitelkeit verschwunden ist.

Selig ist derjenige, welcher das Dharma begriffen hat. Selig ist derjenige, welcher seinen Mitgeschöpfen kein Unrecht thut. Selig ist derjenige, welcher die Sünde besiegt und frei von Leidenschaft ist. Die höchste Seligkeit hat derjenige erlangt, welcher alle Selbstsucht und Eitelkeit überwunden hat. Er ist Buddha geworden, der Vollkommene, der Selige, der Heilige Eine*).

---

*) Da die Bedingung der Buddhaschaft die völlige Selbstlosigkeit ist, so kann es auch ebenso wenig verschiedene Buddhas geben, als es verschiedene „Christusse" geben kann; wohl aber kann Buddha oder Christus (das Licht) in verschiedenen Personen offenbar werden.

XII.

Die ersten Bekehrungen.

Der Gesegnete verweilte in der Einsamkeit siebenmal sieben Tage und genoss die Seligkeit der Erlösung.

Zu jener Zeit kamen zwei reisende Kaufleute, Tapussa und Bhallika auf dem nahen Wege entlang, und als sie den grossen Shrâmana voll Majestät und Frieden sahen, nahten sie sich ihm ehrfurchtsvoll und boten ihm Reiskuchen und Honig an.

Dies war die erste Nahrung, welche der Erleuchtete zu sich nahm, seit er die Buddhaschaft erlangt hatte.

Und Buddha sprach zu ihnen und zeigte ihnen den Weg zur Erlösung. Auf die beiden Kaufleute machte die Heiligkeit des Besiegers von Mâra einen mächtigen Eindruck, sie beugten sich vor ihm und sprachen: „Wir nehmen unsere Zuflucht, Herr, in dem Gesegneten und in dem Dharma."

Tapussa und Bhallika waren die ersten, welche Buddhas Laienschüler wurden.

XIII.

Brahmas Bitte.

Als der Gesegnete die Buddhaschaft erlangt hatte, sprach er wie folgt:

„Voll Seligkeit ist das Freisein vom Hasse. Segensvoll ist die Abwesenheit der Begierde und der Verlust alles Stolzes, der aus dem Gedanken „Ich bin" entspringt.

„Ich habe die tiefste Wahrheit erkannt, welche erhaben ist und den Frieden giebt, aber schwer zu verstehen ist; denn die meisten Menschen bewegen sich in der Sphäre der weltlichen Interessen und finden ihr Glück in weltlichen Wünschen.

„Der Weltmensch wird die Lehre nicht verstehen; für ihn giebt es keine andere Seligkeit, als die in der Selbstheit liegt, und der Segen, der aus einem vollständigen Ergeben in die Wahrheit entspringt, ist für ihn unerfasslich.

„Er wird dasjenige Entbehrung nennen, was für den Erleuchteten die reinste Freude ist. Er sieht Vernichtung dort, wo man Unsterblichkeit findet. Er betrachtet dasjenige als Tod, was der Selbstüberwinder als ewiges Leben erkennt.

„Die Wahrheit bleibt demjenigen verborgen, der in den Ketten des Hasses und der Begierde ist. Nirvâna bleibt dem niedrig denkenden Gemüte, das mit weltlichen Interessen wie mit Wolken umgeben ist, unbegreiflich und geheimnisvoll.

„Würde ich die Lehre verkünden und die Menschen sie nicht begreifen, so brächte es mir nur Müdigkeit und Unannehmlichkeit."

Da stieg Brahmâ Sahampati*) vom Himmel hernieder, bezeugte dem Gesegneten seine Verehrung und sprach:

„Ach! Würde der Heilige, der Tathâgata, sich entschliessen, das Dharma nicht zu verkünden, so müsste die Welt zu Grunde gehen.

„Sei gnädig jenen, die kämpfen; habe Mitleid mit den Leidenden, Erbarmen mit den

---

*) Die Weltseele.

Geschöpfen, die hoffnungslos in den Schlingen der Sorge verstrickt sind.

„Es giebt Wesen, die beinahe rein von dem Staube der Weltlichkeit sind. Wenn sie die Lehre nicht erhalten, so sind sie verloren; aber wenn sie dieselbe hören, werden sie glauben und erlöst werden.“

Da sah der Gesegnete voll Barmherzigkeit mit dem Auge eines Buddha auf alle fühlenden Kreaturen hernieder, und er sah unter ihnen Seelen, welche nur wenig mit dem Staube der Welt bedeckt, von gutem Willen geleitet und leicht zu unterrichten waren. Er sah einige, die sich den Gefahren der Lust und Sünde bewusst waren.

Und der Gesegnete sprach: „Weit offen sei das Thor der Unsterblichkeit allen, die Ohren zum Hören haben. Mögen sie das Dharma mit Glauben empfangen.“

Da wusste Brahmâ Sahampati, dass der Gesegnete die Bitte bewilligt hatte und die Lehre verkündigen werde.

XIV.

Upaka.

———

Nun dachte sich der Gesegnete: „Wem soll ich die Lehre zuerst verkünden? Meine alten Lehrer sind tot. Sie würden die frohe Botschaft mit Freuden empfangen haben. Aber meine fünf Schüler sind noch am Leben. Ich werde zu ihnen gehen, und sie sollen die ersten sein, denen ich das Evangelium der Befreiung verkünden will."

Zu jener Zeit wohnten die fünf Bhikshus in dem Hirschpark bei Benares, und der Gesegnete, welcher die Erinnerung an die Unfreundlichkeit, die sie ihm erwiesen hatten, indem sie ihn zu einer Zeit verliessen, als er Mitgefühl und Hilfe am nötigsten hatte, der Vergessenheit anheimgegeben hatte, und da die Entbehrungen, welche sich dieselben nutzlos auferlegten, sein Mitleid erregten, erhob sich und wanderte zu ihnen.

Upaka, ein junger Brahmine und Jain,
der ein früherer Bekannter von Siddhârtha
gewesen war, sah den Gesegneten, als er nach
Benares reiste; er war erstaunt über die
Majestät und den erhabenen Frohsinn, die in
ihm ausgeprägt waren, und sagte: „Dein Angesicht ist ruhevoll, Deine Augen strahlen
und sprechen von Reinheit und Seligkeit."

Der heilige Buddha antwortete: „Ich habe
durch die Auslöschung meiner Selbstheit die
Freiheit erlangt. Mein Körper ist keusch geworden, mein Gemüt ist frei von Begierden,
und die tiefste Wahrheit ist in meinem Herzen
eingezogen. Ich habe Nirvâna erlangt, und
dies ist der Grund, dass mein Angesicht
ruhevoll ist und meine Augen strahlen. Ich
will jetzt das Königreich der Wahrheit auf
Erden gründen, um allen, die in Dunkel ge-
hüllt sind, Licht zu verschaffen und den
Menschen das Thor der Unsterblichkeit zu
öffnen."

Upaka antwortete: „Du behauptest denn,
mein Freund, dass Du Jiva, der Überwinder
der Welt, seiest, dér absolute und heilige
Eine?"

Der Gesegnete sprach: „Jiva sind alle diejenigen, welche sich selbst und die Leidenschaften des Selbsts überwunden haben. Nur diejenigen sind Sieger, welche ihr Gemüt beherrschen und die Sünde vermeiden. Deshalb, Upaka, bin ich der Jiva."

Aber Upaka schüttelte den Kopf. „Ehrwürdiger Gautama," sprach er, „dort hinaus führt Dein Weg." So sprechend, schlug er eine andere Richtung ein und ging hinweg.

XV.

Die Predigt in Benares.

———

Die fünf Bhikshus sahen ihren früheren Lehrer nahen, und beschlossen unter sich, ihn nicht zu begrüssen, noch ihn „Meister" zu nennen, sondern ihn bloss bei seinem Namen anzureden. „Denn," sagten sie, „er hat sein Gelübde gebrochen und seine Heiligkeit aufgegeben. Er ist kein Bhikshu, sondern Gautama, und Gautama ist ein Mensch geworden, der im Überfluss lebt und sich den Lustbarkeiten der Welt überlässt."

Aber als der Gesegnete in würdevoller Haltung näher kam, da erhoben sie sich unwillkürlich von ihren Sitzen und grüssten ihn trotz ihres Übereinkommens. Aber sie nannten ihn bei seinem Namen und hiessen ihn „Freund".

Als sie den Gesegneten auf diese Weise empfingen, sprach er zu ihnen: „Nennt den

Tathâgata nicht bei seinem (weltlichen) Namen und heisset ihn nicht „Freund"; denn er ist Buddha, der Heilige. Buddha sieht mit gleich wohlwollendem Herzen auf alle lebenden Wesen herab, und deshalb nennen sie ihn „Vater". Es ist unrecht, einem Vater die schuldige Ehrfurcht zu verweigern; ihn zu verachten, ist Sünde.

„Der Tathâgata," fuhr Buddha fort, „sucht sein Heil nicht in Kasteiungen, aber Ihr müsst deshalb nicht denken, dass er in weltlichen Lustbarkeiten schwelgt oder im Überflusse lebt. Der Tathâgata hat die Mittelstrasse gefunden.

„Weder die Enthaltsamkeit von Fisch und Fleisch, noch das Nacktsein, noch der geschorene Kopf, noch das Tragen von geflochtenem Haar oder die Kutte, auch nicht das Anschmieren mit Schmutz oder dem Feuer (Agni) zu opfern, reinigt einen Menschen, der nicht frei von Selbsttäuschungen ist.

„Zorn, Betrunkenheit, Eigensinn, Frömmelei, Betrug, Neid, Selbstlob, Herabsetzung anderer, Hochmut und böse Absichten, darin besteht die Unreinigkeit; wahrlich nicht aber im Fleischessen.

„Lasst mich, o Bhikshus, Euch den Mittel-
weg lehren, der beiden Extremen ferne liegt.
Durch Quälereien verursacht der abgemagerte
Fromme Verwirrung und krankhafte Vor-
stellungen in seinem Gemüt. Die Abtötung
ist schon für weltliches Wissen nutzlos, um
wie viel weniger kann man damit über die
Sinne triumphieren!

„Wer seine Lampe mit Wasser füllt, der
wird die Dunkelheit damit nicht zerstreuen,
und wer ein Feuer mit faulem Holze zu
machen versucht, dem wird es misslingen.

„Selbstquälereien sind schmerzhaft, ver-
geblich und nutzlos. Wie könnte jemand
vom Selbst frei werden, indem er ein elendes
Leben führt, wenn es ihm nicht gelingt, die
Feuer der Lust auszulöschen?

„Alles Abtöten ist vergebens, so lange
als das Selbst da bleibt, so lange das Selbst
fortfährt, entweder nach weltlichen oder himmlischen Genüssen zu trachten; aber derjenige,
in welchem das Selbst ausgetilgt worden ist,
er wird weder nach weltlichen noch nach
himmlischen Schwelgereien verlangen, und

die Befriedigung der Bedürfnisse seiner Natur erniedrigt ihn nicht. Lasst ihn essen und trinken, je nachdem es sein Körper bedarf.

„Wasser umgiebt die Lotusblume, aber es macht deren Staubfäden nicht nass.

„Andererseits wirkt jede Art von Sinnlichkeit entnervend. Der sinnliche Mensch ist ein Sklave seiner Leidenschaften und Genusssucht ist erniedrigend und gemein.

„Aber die Bedürfnisse des Lebens zu befriedigen, ist nicht sündhaft. Es ist eine Pflicht, den Körper in guter Gesundheit zu erhalten; denn sonst sind wir nicht imstande, die Lampe der Weisheit in Ordnung zu halten und geistige Kraft und Klarheit zu haben.

„Dies ist die Mittelstrasse, o Bhikshus, die beiden Extremen ferne liegt.“

Und der Gesegnete sprach freundlich mit seinen Schülern; er bemitleidete sie wegen ihrer Irrtümer und zeigte ihnen die Nutzlosigkeit ihrer Versuche, und das Eis des Übelwollens, welches ihre Herzen erstarren machte, schmolz unter der milden Wärme seiner Überredung.

Nun setzte der Gesegnete das Rad des höchst ausgezeichneten Gesetzes in Bewegung, und er fing an, den fünf Bhikshus zu predigen; er öffnete denselben das Thor der Unsterblichkeit und zeigte ihnen die Seligkeit Nirvânas.

Und als der Gesegnete seine Predigt begann, da ging ein Freudenschauer durch das ganze Universum.

Die Dêvas (Götter) verliessen ihre himmlischen Wohnungen, um die Süssigkeit der Wahrheit zu vernehmen; die Heiligen, welche vom Leben abgeschieden waren, versammelten sich um den grossen Lehrer, um die frohe Botschaft zu hören; sogar die Tiere der Erde fühlten den Segen, welcher auf den Worten Tathâgatas ruhte, und alle Geschöpfe, die ganze Schar von fühlenden Wesen, Götter, Menschen, Tiere, welche die Botschaft von der Erlösung hörten, empfingen und verstanden sie, jedes in seiner eigenen Sprache.

Buddha sprach:

„Die Speichen des Rades sind die Regeln für gutes Betragen, Gerechtigkeit. Die Einheit von deren Längen ist die Gerechtigkeit, der Reif ist die Weisheit, Bescheidenheit und

Einsicht sind die Nabe, in welcher die Achse der Wahrheit befestigt ist.

„Wer das Dasein des Leidens, dessen Ursache, dessen Heilung und dessen Aufhören erkennt, der hat die vier hohen Wahrheiten ergründet. Er wird auf dem rechten Wege wandeln.

„Richtige Anschauungen werden die Fackel sein, die auf seinem Wege leuchten; richtige Vorsätze sind seine Führer. Richtige Worte werden seine Wohnungen auf dem Wege sein. Er wird aufrecht wandeln, denn sein Benehmen ist recht. In dem rechten Wege seinen Unterhalt zu gewinnen, wird er seine Erfrischungen finden. Seine Schritte bestehen in seinen richtigen Bemühungen, sein Atem in seinen rechten Gedanken, und der Friede wird in seinen Fussstapfen folgen.“

Der Gesegnete erklärte die Unbeständigkeit des „Ichs“:

„Alles, was einen Ursprung hat, wird wieder aufgelöst werden. Alles sich um das Selbst Bekümmern ist nutzlos. Das Ich ist wie eine Luftspiegelung, und alle Trübsale, welche es berühren, werden vergehen. Sie werden verschwinden wie ein Alp, wenn der Schläfer erwacht.

„Wer erwacht ist, ist frei von Furcht; denn er ist Buddha geworden; er kennt die Thorheit aller seiner Sorgen, seiner Bestrebungen und auch seiner Leiden.

„Ein Mensch kam aus dem Bade und trat auf einen nassen Strick, und glaubte, es sei eine Schlange. Entsetzen kam über ihn, er zitterte vor Furcht und in seiner Seele empfand er bereits im voraus alle die Todesschmerzen eines giftigen Bisses. Welch' eine Erleichterung erfährt dieser Mensch, wenn er sieht, dass es keine Schlange ist. Die Ursache seines Schreckens liegt in seinem Irrtum, in seiner Unwissenheit, seiner Täuschung. Wenn man die wahre Natur des Strickes erkennt, so kommt die Seelenruhe zurück, man fühlt sich erleichtert; man ist freudig und glücklich.

„Dies ist der Seelenzustand desjenigen, der erkannt hat, dass es kein wirkliches Selbst giebt, und dass die Ursache von allen seinen Mühen, Sorgen und Eitelkeiten eine Luftspiegelung ist, ein Schatten, ein Traum.

„Selig ist, wer alle Selbstsucht überwunden hat; selig ist, wer den Frieden errungen hat; selig ist, wer die Wahrheit gefunden.

„Die Wahrheit ist edel und süss, die Wahrheit kann uns von allem Übel erlösen. Es giebt keinen anderen Erlöser in der Welt, als die Wahrheit.

„Habet Vertrauen in die Wahrheit, wenn Ihr auch nicht fähig seid, sie zu begreifen; wenn Ihr auch denkt, dass ihre Süssigkeit bitter sei, und wenn Ihr auch im Anfange vor ihr zurückschreckt. Vertrauet der Wahrheit.

„Die Wahrheit ist am besten so wie sie ist. Niemand kann sie ändern, noch kann sie von jemanden verbessert werden. Setzet Euern Glauben in die Wahrheit und lebt sie.

„Irrtümer leiten irre; Täuschungen erzeugen Leiden. Sie berauschen wie starke Getränke, aber sie schwinden bald dahin und lassen Dich krank und angeekelt zurück.

„Das Selbst ist ein Fieber; das Selbst ist eine vorübergehende Erscheinung, ein Traum; aber die Wahrheit ist gesund, die Wahrheit ist erhaben, die Wahrheit dauert ewig. Es giebt keine andere Unsterblichkeit, als in der Wahrheit; denn nur die Wahrheit bleibt immerdar."

Und als die Lehre erklärt war, da erkannte der ehrwürdige Kanndinya, der älteste unter den fünf Bhikshus, die Wahrheit mit dem Auge des Geistes, und er sprach: „Wahrlich, o Buddha, unser Herr! Du hast die Wahrheit gefunden!"

Und die Dêvas und Heiligen, und alle die guten Geister der vorangegangenen Geschlechter, welche Tathâgatas Predigt gehört hatten, nahmen voll Freude die Lehre auf, und riefen: „Wahrlich der Gesegnete hat das Reich der Gerechtigkeit gegründet. Der Gesegnete hat die Erde bewegt; er hat das Rad der Wahrheit zum Laufen gebracht, und niemand im Weltall, sei er gut oder böse, kann es jemals zurückdrehen. Das Reich der Wahrheit wird auf der Erde verkündet werden, es wird sich ausbreiten, und Gerechtigkeit, Wohlwollen und Friede werden unter den Menschen herrschen.

XVI.

Sangha (die „Kirche").

Nachdem Buddha die fünf Bhikshus auf die Wahrheit hingewiesen hatte, sprach er:

„Wenn ein Mensch, der sich entschlossen hat, der Wahrheit zu gehorchen, auf sich allein angewiesen steht, und schwach ist, so kann er in seine alten Irrtümer zurückfallen. Stehet deshalb zusammen, seid einander behilflich und unterstützet Euch gegenseitig in Eueren Bemühungen.

„Seid gegen einander wie Brüder, eins in der Liebe, eins in der Heiligkeit, eins in Euerem Eifer für die Wahrheit.

„Verbreitet die Wahrheit und verkündet die Lehre in allen vier Teilen der Welt, damit am Ende alle lebenden Geschöpfe Bürger des Reiches der Gerechtigkeit werden.

„Dies ist die heilige Verbrüderung; dies ist die Kirche Buddhas; dies ist das Sangha, welches eine Gemeinschaft zwischen allen denjenigen herstellt, welche ihre Zuflucht in Buddha nehmen."

Und Kanndinya war der erste Schüler Buddhas, welcher die Lehre des Heiligen völlig begriff, und Tathâgata sah in sein Herz und sprach: „Wahrlich, Kanndinya hat die Wahrheit begriffen." Deshalb erhielt der ehrwürdige Kanndinya den Namen „Ajnyâta-Kanndinya"; d. h. „Kanndinya, welcher die Lehre verstanden hat".

Dann sprach der ehrwürdige Kanndinya zu Buddha und sagte: „Herr! Lass uns die Weihe von dem Gesegneten empfangen."

Und Buddha sagte: „Kommt, o Bhikshus! Die Lehre ist richtig angegeben worden. Führt ein heiliges Leben zur Ausrottung des Leidens."

Dann sprachen Kanndinya und die anderen Bhikshus dreimal die folgenden feierlichen Gelübde:

„Ich richte meinen Glauben auf Buddha (die Wahrheit). Er, der Vollkommene, ist heilig und unübertrefflich. Buddha bringt uns Unterricht, Weisheit und Rettung. Er ist der Gesegnete, welcher die Gesetze des Daseins kennt. Er ist der Herr der Welt, welcher die Menschen den Ochsen gleich unter sein Joch bringt; der Lehrer der Götter und Menschen, der erhabene Buddha. Ich richte meinen Glauben auf Buddha.

„Ich richte meinen Glauben auf die Lehre. Gut wurde die Lehre von dem Erhabenen erklärt. Die Lehre wurde so geoffenbart, dass sie sichtbar geworden ist. Die Lehre ist über Zeit und Raum erhaben. Die Lehre ist nicht auf Hörensagen gegründet; sie bedeutet: „Komm' und siehe." Die Lehre führt uns zum Wohlergehen; die Lehre wird von den Weisen in ihren eigenen Herzen erkannt. Ich richte meinen Glauben auf die Lehre.

„Ich richte meinen Glauben auf die Gemeinschaft. Die Gemeinschaft der Schüler Buddhas unterrichtet uns in einem Leben voll Rechtschaffenheit. Die Gemeinschaft der Schüler Buddhas lehrt uns Ehrlichkeit und Gerechtigkeit auszuüben; die Gemeinschaft der Schüler Buddhas lehrt uns die Wahrheit zu befolgen.

Sie ist eine Verbrüderung von Güte und Barmherzigkeit. Ihre Heiligen verdienen geehrt zu werden. Die Gemeinschaft von Buddhas Schülern ist zum Zwecke einer heiligen Verbindung gegründet, in welcher die Menschen sich verpflichten, mit einander die Anforderungen der Rechtschaffenheit zu lehren und Gutes zu thun. Ich richte meinen Glauben auf die Gemeinschaft."

XVII.

Yakshas, der Jüngling von Benares.

Zu jener Zeit war in Benares ein edler Jüngling, Namens Yakshas, der Sohn eines reichen Kaufmanns. Er grämte sich wegen der Trübsale dieser Welt, stand heimlich auf während der Nacht, und schlich sich hinweg, um den Gesegneten aufzusuchen.

Der Gesegnete sah Yakshas, den edlen Jüngling, als er von ferne kam, und Yakshas nahte sich und rief aus: „Ach, welche Qual! Welcher Jammer!"

Der Gesegnete sprach zu Yakshas: „Es giebt keine Qual; es giebt keinen Jammer. Komm' zu mir und ich will Dir die Wahrheit lehren, und die Wahrheit wird Deine Sorgen zerstreuen."

Und als Yakshas, der edle Jüngling, hörte, dass es keine Qual, keinen Jammer und

Trübsal gäbe, da ward sein Herz beruhigt.
Er ging hinein in den Ort, wo der Gesegnete
war, und setzte sich in seine Nähe.

Der Gesegnete predigte über Barmherzigkeit und Sittlichkeit. Er erklärte die Wesen-
losigkeit der Begierden, deren Sündhaftigkeit
und ihre Übel, und er wies auf den Weg
der Erlösung hin.

„Da fühlte Yakshas anstatt des Ekels an
der Welt den kühlenden Stern der heiligen
Weisheit, und als er das reine und fleckenlose
Auge der Wahrheit erlangt hatte, betrachtete
er seine eigene Person, welche reichlich mit
Perlen und kostbaren Steinen geschmückt
war, und er schämte sich in seinem Herzen.

Der Tathâgata, welcher seine innerlichen
Gedanken empfand, sprach:

„Wenn auch eine Person mit Juwelen geschmückt ist, so kann doch das Herz die
Sinne überwunden haben. Die äussere Form
macht nicht die Religion und berührt nicht
die Seele. Der Körper eines Shrâmana kann
das Kleid eines Asketen tragen, und dennoch
sein Geist in Weltlichkeit eingetaucht sein.

„Wer in einsamen Wäldern wohnt und dennoch nach weltlichen Dingen lüstet, der ist ein Weltlicher, und desgleichen kann ein Mensch, der weltliche Kleider trägt, sein Herz sich hoch zu himmlischen Gedanken aufschwingen lassen.

„Es ist kein Unterschied zwischen einem Laien und einem Eremiten, wenn beide den Gedanken an das Selbst verbannt haben."

Da der Gesegnete sah, dass Yakshas bereit war, den Pfad zu betreten, sprach er zu ihm: „Folge mir!" Und Yakshas trat in die Brüderschaft ein, zog das gelbe Gewand an und empfing die Weihe.

Während der Gesegnete und Yakshas sich über die Lehre besprachen, ging Yakshas' Vater, der seinen Sohn suchte, vorüber, und im Vorübergehen fragte er den Gesegneten; „Ich bitte Dich, Herr! Hast Du Yakshas, meinen Sohn, gesehen?"

Buddha sagte zu Yakshas' Vater: „Komm' herein, Herr, und Du wirst Deinen Sohn finden; und Yakshas' Vater freute sich und trat ein. Er setzte sich in die Nähe seines Sohnes; aber seine Augen waren verschleiert, und er erkannte ihn nicht. Da begann der Meister zu predigen, und Yakshas' Vater begriff die Lehre des Gesegneten und sprach:

„Herrlich ist die Wahrheit, o Herr! Der Buddha, der Heilige, unser Meister richtet das, was umgestürzt wurde, wieder auf; er enthüllt das Verborgene; er zeigt dem verirrten Wanderer den rechten Weg; er zündet eine Lampe in der Dunkelheit an, damit alle, deren Augen sehen können, die Dinge erkennen, welche sie umgeben. Ich nehme meine Zuflucht in Buddha, unserem Herrn! Ich nehme meine Zuflucht in der Lehre, die er offenbart. Ich nehme meine Zuflucht in der Verbrüderung, die er gegründet hat. Möge der Gesegnete von heute an mich aufnehmen, so lange mein Leben dauert, als einen Schüler, der in ihm seine Zuflucht genommen hat."

Yakshas' Vater war der erste Laie, welcher als Mitglied der Sangha beitrat.

Als der wohlhabende Kaufmann Zuflucht in Buddha genommen hatte, da wurden seine Augen geöffnet, und er sah seinen Sohn, in gelbe Gewänder gekleidet, an seiner Seite sitzen. „Mein Sohn Yakshas," sagte er, „Deine Mutter ist in Jammer und Kummer verloren. Gehe nach Hause und bring' Deine Mutter zum Leben zurück."

Da sah Yakshas den Gesegneten an, und der Gesegnete sprach: „Sollte Yakshas zu der Welt zurückkehren, und die Freuden eines weltlichen Lebens wieder geniessen, wie er es früher that?"

Und Yakshas' Vater antwortete: „Wenn Yakshas, mein Sohn, einen Gewinn dabei fin- det, bei Dir zu bleiben, so soll er bleiben. Er ist aus den Banden der Weltlichkeit frei."

Als der Gesegnete die Herzen seiner Schüler mit Worten der Wahrheit und Ge- rechtigkeit gestärkt hatte, ging er mit Yakshas nach dem Hause des reichen Kaufmanns. Als sie ankamen, begrüssten die Mutter und auch Yakshas' frühere Frau den Gesegneten und setzten sich neben ihn.

Dann verkündete der Heilige die Lehre, und die Frauen begriffen sie und riefen: „Herrlich ist die Wahrheit, o Herr! Der Buddha, der Heilige, unser Meister richtet dasjenige wieder auf, was umgestürzt war; er enthüllt das Verborgene, er zeigt den Weg dem verirrten Wanderer; er zündet eine Lampe im Dunkeln an, damit alle, deren Augen sehen können, die Dinge erkennen, welche sie umgeben. Wir nehmen unsere Zuflucht in Buddha, unserm Herrn. Wir nehmen unsere Zuflucht in der Lehre, welche er offenbart. Wir nehmen unsere Zuflucht in der Verbrüderung, welche er gegründet hat. Möge der Gesegnete uns von diesem Tage an als seine Schülerinnen aufnehmen, so lange unser Leben dauert, die wir Zuflucht in ihm genommen haben."

Die Mutter und die Frau von Yakshas, dem edlen Jünglinge von Benares, waren die ersten Frauen, welche Laienschülerinnen wurden und ihre Zuflucht in Buddha nahmen.

Yakshas hatte vier Freunde, welche wohlhabenden Familien in Benares angehörten. Ihre Namen waren Vinala, Subâhu, Punyajit und Gavâmpti.

Als Yakshas' Freunde hörten, dass er sein Haar abgeschnitten und das gelbe Gewand angezogen hatte, um die Welt aufzugeben und hinaus in die Heimatslosigkeit zu gehen, da dachten sie: „Wahrlich! dies kann nicht eine gewöhnliche Lehre sein, dies muss eine edle Entsagung der Welt sein, da Yakshas, der uns als gut und weise bekannt ist, sein Haar abgeschnitten und das gelbe Gewand angezogen hat, um hinaus in die Heimatslosigkeit zu gehen."

. Und sie gingen zu Yakshas und Yakshas wandte sich zu dem Gesegneten und sagte: „Möge der Gesegnete meine vier Freunde ermahnen und unterrichten." Und der Gesegnete lehrte sie, und Yakshas' Freunde nahmen die Lehre an und nahmen Zuflucht in dem Buddha, dem Dharma und dem Sangha.

XVIII.

Die Jünger werden ausgesandt.

Und das Evangelium des Gesegneten nahm von Tag zu Tag zu, und viele Leute kamen, um ihn zu hören und die Weihe anzunehmen, von nun an ein heiliges Leben zu führen, zur Ausrottung alles Wehes.

Und da der Gesegnete sah, dass es für ihn allein unmöglich war, allen, welche die Wahrheit hören und die Weihe empfangen wollten, Genüge zu thun, sandte er aus der Zahl seiner Jünger diejenigen aus, welche das Dharma verkünden sollten, und sprach zu ihnen:

„Gehet jetzt hinaus, o Bhikshus, zum Heile der Menge, zur Wohlfahrt der Menschheit, aus Mitleiden für die Welt. Verkündet die Lehre, welche herrlich ist am Anfange, herrlich in der Mitte, und herrlich am Ende, im Geiste sowohl als auch im Buchstaben. Es giebt Wesen, deren Augen nur wenig mit Staub bedeckt sind, aber wenn man ihnen die Lehre nicht verkündigt, so können sie nicht die Erlösung erlangen. Verkündet ihnen ein Leben voll Heiligkeit. Sie werden die Lehre begreifen und sie annehmen.

„Das Dharma und Vinaya, welches der Tathâgata lehrt, leuchten, wenn sie ausgestellt werden, nicht aber wenn sie verborgen sind. Lasset diese Lehre, welche so voll Wahrheit und so vorzüglich ist, nicht in die Hände derjenigen fallen, welche ihrer nicht wert sind, welche sie verachten und verdammen, beschmutzen, lächerlich machen und bekritteln würden.

„Ich erlaube Euch, o Bhikshus, folgendes: Gebet von nun an die Weihe in den verschiedenen Ländern denjenigen, welche begierig sind, sie zu empfangen, wenn Ihr sie würdig findet.“

Und es wurde ein ständiger Gebrauch, dass die Bhikshus auszogen, um zu predigen, wenn das Wetter gut war; aber während der Regenzeit versammelten sie sich wieder um ihren Meister und hörten die Erklärungen des Tathâgata.

XIX.

Kâshyapa.

Zu jener Zeit lebten in Uruvilvâ die Jatilas, welche an Krishna glaubten und das Feuer anbeteten, und Kâshyapa war ihr Oberster.

Kâshyapa war in ganz Indien berühmt, und sein Name als der eines der weisesten Menschen auf Erden, und einer Autorität in Religion, geehrt.

Und der Gesegnete ging zu Kâshyapa von Uruvilvâ und sprach: „Lass mich eine Nacht in dem Zimmer bleiben, wo Du das heilige Feuer hast."

Als Kâshyapa den Gesegneten in seiner Majestät und Schönheit sah, da dachte er bei sich selbst: „Dies ist ein grosser Muni und ein hoher Lehrer. Würde er über Nacht in dem Zimmer bleiben, wo das heilige Feuer aufbewahrt wird, so würde die Schlange ihn beissen und er würde sterben." Und er sprach: „Ich habe nichts dagegen, dass Du über Nacht in dem Zimmer bleibst, wo das heilige Feuer aufbewahrt wird; aber die Schlange würde Dich töten und es würde mir leid thun, Dich sterben zu sehen."

Aber Buddha bestand darauf, und Kâshyapa führte ihn in das Zimmer, wo das heilige Feuer aufbewahrt wurde.

Und der Gesegnete setzte sich nieder in aufrechter Haltung und umgab sich mit Wachsamkeit.

Während der Nacht kam der Drache zu Buddha und spie voller Wut sein feuriges Gift. Die Luft war voll brennenden Dampfes, konnte ihm aber keinen Schaden thun. Das Feuer verzehrte sich selbst, aber derjenige, den die ganze Welt verehrt, blieb gesammelt. Und der giftige Teufel erzürnte sich sehr, so dass er aus Wut starb.

Als Kâshyapa die Helle in dem Zimmer sah, sprach er: „Ach, wie schade! Wahrlich, das Angesicht von Gautama, dem grossen Shâkya-Muni, ist schön; aber die Schlange wird ihn umbringen."

Am nächsten Morgen liess der Gesegnete Kâshyapa den Leichnam des Dämons sehen, und sprach: „Sein Feuer wurde durch mein Feuer besiegt."

Und Kâshyapa dachte sich: „Shâkya-Muni ist ein grosser Shrâmana und besitzt hohe Kräfte; aber er ist nicht so heilig wie ich."

Um jene Zeit wurde ein Fest gefeiert, und Kâshyapa dachte: „Aus allen Teilen des Landes werden die Leute kommen und den grossen Shâkya-Muni sehen. Wenn er zu ihnen spricht, so werden sie an ihn glauben und mir abtrünnig werden." Und er wurde neidisch.

Als der Tag des Festes kam, da zog sich der Gesegnete zurück, und kam nicht zu Kâshyapa. Und Kâshyapa ging zu Buddha und sprach: „Weshalb ist der grosse Shakya-Muni nicht gekommen?"

Der Tathâgata antwortete: „Dachtest Du nicht, o Kâshyapa, dass es besser wäre, wenn ich vom Feste wegbleiben würde?"

Und Kâshyapa wunderte sich und dachte: „Shâkya-Muni ist gross: aber er ist nicht so heilig wie ich."

Und der Gesegnete wandte sich zu Kâshyapa und sprach: „Du siehst die Wahrheit, aber Du nimmst sie nicht an, weil der Neid in Deinem Herzen wohnt. Ist der Neid Heiligkeit? Der Neid ist das letzte Überbleibsel des Selbsts, welches in Deinem Gemüte zurückgeblieben ist. Du bist nicht heilig, Kâshyapa. Du hast den Weg noch nicht betreten."

Und Kâshyapa gab seinen Widerstand auf. Sein Neid verschwand; er beugte sich vor dem Gesegneten und sprach: „Herr, unser Meister! Lass mich die Weihe von dem Gesegneten empfangen."

Und der Gesegnete sprach: „Du, Kâshyapa, bist der Häuptling der Jatilas. Gehe denn hin, gieb ihnen Nachricht von Deiner Absicht, und lass sie thun, was Du für zweckmässig hältst."

Da ging Kâshyapa zu den Jatilas und sprach: „Ich sehne mich darnach, unter der Anleitung des grossen Shâkya-Muni, welcher Buddha, unser Herr, ist, ein religiöses Leben zu führen. Ihr mögt thun, was Euch am besten dünkt."

Und die Jatilas antworteten: „Wir haben den grossen Shâkya-Muni sehr lieb gewonnen, und wenn Du seiner Brüdergemeinde beitreten willst, so wollen wir dasselbe thun."

Die Jatilas von Uruvilvâ warfen ihre Geräte zur Feueranbetung in den Fluss und gingen zu dem Gesegneten.

Nadî Kâshyapa und Gayâ Kâshyapa, Brüder des grossen Uruvilvâ Kâshyapa, mächtige Männer und Häuptlinge unter dem Volke, wohnten weiter unten am Fluss, und als sie die Gerätschaften, welche zur Feueranbetung gebraucht werden, im Flusse schwimmen sahen, sagten sie: „Unserm Bruder ist irgend etwas geschehen." Und sie kamen mit ihren Leuten nach Uruvilvâ. Als sie hörten, was geschehen war, da gingen auch sie zu Buddha.

Als der Gesegnete die Jatilas von Nadî und Gayâ, welche strenge Askese getrieben und das Feuer angebetet hatten, kommen sah, hielt er eine Predigt über das Feuer und sprach: „Alles, o Jatilas! brennt. Das Auge brennt, die Gedanken brennen, alle Sinne brennen; sie brennen im Feuer der Begierde. Da ist der Zorn, die Unwissenheit, der Hass, und so lange als das Feuer Brennstoffe findet, die ihm zur Nahrung dienen können, so lange wird es brennen; und es wird da sein Geburt und Tod, Verfall, Jammer, Leiden, Verzweiflung und Trauer. Der Jünger der Wahrheit, welcher dies betrachtet, wird die vier Wahrheiten einsehen und auf dem edlen achtfachen Pfade wandeln. Er wird wachsam sein über sein Auge, wachsam über seine Gedanken und wachsam über alle seine Sinne. Er wird die Leidenschaft ablegen und frei sein. Er wird von der Selbstsucht erlöst werden und die Seligkeit Nirvânas erlangen."

Und die Jatilas freuten sich und nahmen ihre Zuflucht in dem Buddha, dem Dharma und dem Sangha.

XX.

Die Predigt zu Râjagriha.

Und nachdem der Gesegnete einige Zeit in Uruvilvâ verweilt hatte, ging er nach Râjagriha, begleitet von einer grossen Anzahl von Bhikshus, von denen viele früher Jatilas gewesen waren, und Kâshyapa, der frühere Häuptling der Jatilas, war mit ihm.

Als der Magadha König, Sainya Bimbisâra, von der Ankunft Gautama Shâkya-Munis hörte, von welchem man sagte: „Er ist der heilige, der gesegnete Buddha, der die Menschen führt, wie ein Hirte einen Stier bezwingt, der Lehrer der Hohen und Niedrigen“, da ging er, umgeben von seinen Räten und Heerführern, und kam zu dem Orte, wo der Gesegnete war.

Da sahen sie den Gesegneten in der Gesellschaft von Kâshyapa, des grossen Religionslehrers der Jatilas, und sie wunderten sich und dachten: „Hat der grosse Shâkya-Muni sich unter die geistige Führung von Kâshyapa begeben, oder ist Kâshyapa ein Jünger Gautamas geworden?"

Und der Tathâgata, welcher die Gedanken der Leute erkannte, sagte zu Kâshyapa: „Was hast Du kennen gelernt, o Kâshyapa, und was hat Dich dazu bewogen, das heilige Feuer abzuschaffen und Deine strengen Bussübungen aufzugeben?"

Kâshyapa sprach: „Der Gewinn, den ich von der Feueranbetung erlangte, war das Verbleiben in dem Rade der Individualität (dem Sondersein), mit allen seinen Leiden und Irrtümern. Diesen Dienst habe ich aufgegeben, und anstatt in Bussübungen und Opfern fortzufahren, bin ich das höchste Nirvâna zu suchen gegangen."

Da Buddha sah, dass die ganze Versammlung bereit war, so wie ein Gefäss, die Lehre zu empfangen, sprach er zu dem König Bimbisâra:

„Wer das Wesen seines Selbsts kennt, und weiss, wie seine Sinne wirken, der hat keinen Platz für das „Ich", und wird unendlichen Frieden erlangen. Die Welt hält fest an dem Gedanken an das „Ich", und aus diesem entsteht die falsche Auffassung.

„Manche sagen, das Ich lebe nach dem Tode; andere sagen, es werde zu Nichts. Beide sind im Irrtum, und ihr Irrtum ist höchst bedauernswert.

„Denn, wenn sie sagen, dass das Ich der Vernichtung anheim fällt, so wird die Frucht, nach der sie streben, auch zu Nichts werden, und zu einer gewissen Zeit wird es (für sie) kein Nachher geben. Diese Rettung von sündlicher Selbstsucht hat keinen Wert.

„Wenn aber andere sagen, dass das Ich nicht vergehen werde; so folgt daraus, dass in der Mitte von allem Leben und Tod nur eine Identität ungeboren und unsterblich ist. Wenn dieses das Ich dieser Leute ist, so ist es vollkommen und kann durch keinerlei Thaten noch vollkommener gemacht werden. Das immerwährende und unvergängliche Ich könnte niemals verändert werden. Das Selbst wäre dann der Herr und Meister, und es hätte keinen Zweck, das Vollkommene vollkommener machen zu wollen, moralische Ziele und Erlösung wären unnötig.

„Aber jetzt sehen wir die Zeichen der
Freude und des Leides. Wo ist da eine
Beständigkeit? Wenn kein Ich unsre Thaten
vollbringt, dann giebt es kein Ich; dann steht
kein Thäter hinter dem Thun, kein Wahr-
nehmer hinter dem Erkennen, kein Herr
hinter dem Lebendigsein.

„Höret nun, und merket auf! Die Sinne
treffen den Gegenstand (der Wahrnehmung),
und aus dieser Berührung wird die Empfindung
geboren. Daraus entspringt das Sammeln
(von Eindrücken). Wie die durch ein Brenn-
glas konzentrierte Kraft der Sonne Feuer-
erscheinung verursacht, so wird durch das
Erkennen, welches von dem Sinn und (dessen)
Gegenstand erzeugt ist, jener Herr, welchen
Ihr das Selbst nennt, geboren. Der Keim
entspringt dem Samen, der Same ist nicht
der Keim; beide sind nicht eins und dasselbe,
und dennoch nicht (wesentlich) von einander
verschieden. So ist des beseelten Lebens
Geburt.

„Ihr, die Ihr Sklaven seid des Ichs, die
Ihr vom Morgen bis in die Nacht im Dienste
des Selbsts Euch abmühet, die Ihr in bestän-
diger Furcht vor Geburt, Alter, Krankheit

und Tod lebt; empfanget die frohe Botschaft, dass Euer grausamer Tyrann nicht existiert.

„Das Selbst ist ein Irrtum, eine Illusion, ein Traum. Öffnet Euere Augen und erwachet. Sehet die Dinge an, so wie sie sind, und Ihr werdet getröstet sein.

„Wer wach ist, wird sich nicht länger vor wüsten Traumbildern fürchten; wer das Wesen des Strickes erkannt hat, der eine Schlange zu sein schien, hört auf zu zittern.

„Wer erkannt hat, dass es kein Ich giebt, der lässt alle Lüste und Begierden der Selbstsucht fahren.

„Das Anklammern an Dinge, Begierde nach Besitz und Sinnlichkeit, die von früheren Existenzen angeerbt wurden, sind die Ursachen des Leidens und Dunkels in der Welt.

„Gieb auf die Gier Deiner Selbstsucht, so wirst Du zu jenem Seelenzustande gelangen, welcher vollkommene Ruhe, Güte und Weisheit verleiht.

„Wie eine Mutter, selbst mit Gefahr ihres Lebens, ihren Sohn, ihren einzigen Sohn beschützt; so sollte derjenige, welcher die Wahrheit erkannt hat, unbeschränktes Wohlwollen gegen alle Wesen bethätigen.

„Unbeschränktes Wohlwollen sollte er ausüben gegen die ganze Welt, oben, unten, ringsherum, ohne zu geizen, unvermischt mit dem Gefühle Unterscheidungen machen, ohne eines dem anderen vorziehen zu wollen.

„In diesem Seelenzustande soll er verharren, solange er wach ist; ob er nun stehe, gehe, sitze oder liege.

„Dieser Zustand des Herzens ist der beste in der Welt. Er ist Nirvâna.

„Alles Bösethun abzulegen, ein tugendhaftes Leben zu führen und das Herz zu reinigen. Dies ist die Religion aller Buddhas.“

Als der Erleuchtete seine Rede beendigt hatte, sagte der König Magadha zu ihm:

„Ehedem, als ich ein Prinz war, hatte ich fünf Wünsche. Ich wünschte, o dass ich als König gekrönt werden würde. Dies war mein erster Wunsch, und er wurde erfüllt. Dann wünschte ich: „Möchte der heilige

Buddha, der Vollkommene, auf Erden während meiner Regierungszeit erscheinen und in mein Königreich kommen." Dies war mein zweiter Wunsch, und er ist jetzt erfüllt. Ferner wünschte ich: „Möge ich ihn begrüssen." Dies war mein dritter Wunsch, und er ist jetzt erfüllt. Mein vierter Wunsch war: „Möge der Gesegnete mir die Lehre erklären," und dies ist jetzt erfüllt. Aber der grösste Wunsch, den ich hatte, war: „Möge ich die Lehre des Gesegneten verstehen!" Und dieser Wunsch ist jetzt erfüllt.

„Glorreicher Herr! Über alles herrlich ist die Wahrheit, welche der Tathâgata verkündet! Unser Herr, der Buddha, richtet wieder auf das, was niedergeworfen war: er enthüllt, was verborgen war; er zeigt dem verirrten Wanderer den Weg; er zündet die Lampe an in der Dunkelheit, damit diejenigen, welche Augen zum Sehen haben, sehen können.

„Ich nehme meine Zuflucht in dem Buddha! Ich nehme meine Zuflucht in dem Dharma! Ich nehme meine Zuflucht im Sangha!"

Der Tathâgata bewies seine unbeschränkte

Geisteskraft durch die Ausübung seiner Tugend und durch Weisheit. Er besänftigte und stimmte harmonisch eines jeden Gemüt. Er befähigte sie, die Wahrheit zu sehen und anzunehmen, und im ganzen Reiche wurden die Samen der Tugend gesät.

XXI.

Das Geschenk des Königs.

Als der König seine Zuflucht in Buddha
genommen hatte, lud er den Tathâgata in
seinen Palast ein und sprach: „Gewähre mir,
o Gesegneter, die Bitte, morgen Deine Mahlzeit mit der Brüderschaft der Bhikshus bei
mir einzunehmen."

Am nächsten Morgen kündigte der König
Sainya Bimbisâra dem Gesegneten an, dass
es Zeit zum Mittagessen sei, und sprach:
„Du bist mir der allerwillkommenste Gast,
o Herr! Komme, die Mahlzeit ist bereit."

Und der Gesegnete hüllte sich in sein
Festgewand, nahm seine Almosenschale und
trat mit einer grossen Anzahl von Bhikshus
in die Stadt Râjagriha ein.

Shakra, der König der Dêvas, nahm die
Gestalt eines jungen Brahminen an, ging
voraus, und sang die folgenden Verse:

„Der Gesegnete, er, welcher denjenigen
Selbstbeherrschung lehrt, welche Selbstbeherrschung gelernt haben; der Erlöser mit
denjenigen, welche er erlöst hat; der Gesegnete mit denen, welchen er den Frieden
gegeben hat, ist in Râjagriha eingegangen.
Heil Buddha, unser Herr! Gebenedeit sei
sein Name, und Segen komme zu allen, die
ihre Zuflucht in ihm nehmen."

Als der Gesegnete seine Mahlzeit beendet
und seine Almosenschale und Hände gereinigt hatte, setzte sich der König in seine
Nähe und dachte:

„Wo kann ich einen Ort finden, in welchem der Gesegnete wohnen kann; nicht zu
fern von der Stadt und nicht zu nahe, geeignet
zum Kommen und Gehen; leicht zugänglich
für Leute, welche ihn zu sehen wünschen;
einen Ort, der am Tage nicht zu sehr besucht
ist und bei Nacht vor Lärm sicher ist, ein
gesunder Aufenthalt für ein zurückgezogenes
Leben?

„Mein Lustgarten, der Bambuswald Vênu-
vana entspricht allen diesen Bedingungen.
Ich werde ihn der Brüderschaft der Bhikshus
mit dem Buddha, ihrem Haupte, anbieten."

Und der König widmete seinen Lustgarten der Brüderschaft und sprach: „Möge der Gesegnete mein Geschenk annehmen."

Der Gesegnete gab stillschweigend seinen Beifall. Er erfreute und erbaute dann das Herz des Magadha - Königs durch weise Lehren, erhob sich von seinem Sitze und ging hinweg.

XXII.

Shâriputra und Mandgalyâna.

Zu jener Zeit führten Shâriputra und Mandgalyâna, zwei Brahminen und Hauptanhänger von Sanjaya, ein religiöses Leben. Sie hatten sich gegenseitig das Versprechen gemacht, dass, wer von ihnen zuerst Nirvâna erreicht hätte, es dem anderen kundgeben sollte.

Und als Shâriputra den ehrwürdigen Ashrajit um Almosen bitten sah, wie er bescheiden seine Augen zur Erde gerichtet hielt und sein Betragen würdevoll war, rief er aus: „Wahrlich, dieser Shrâmana hat den rechten Weg betreten; ich will ihn ansprechen und fragen: In wessen Namen, o Freund, hast Du Dich von der Welt zurückgezogen? Wer ist Dein Lehrer, und welche Lehren bekennst Du?"

Und Ashrajit antwortete: „Ich bin ein Nachfolger des grossen Shâkya-Muni; er ist

der Buddha, der Gebenedeite, und in seinem
Namen habe ich mich von der Welt zurückgezogen. Der Gesegnete ist mein Lehrer
und zu seinen Lehren bekenne ich mich."

Und Shâriputra ging zu Mandgalyâna
und erzählte ihm dies, und sie sprachen:
„Wir wollen zu dem Gesegneten gehen, damit
er unser Lehrer werde." Und sie gingen mit
allen ihren Jüngern zum Tathâgata und
nahmen ihre Zuflucht in Buddha.

Und der Heilige sprach: „Shâriputra ist
wie der erstgeborene Sohn eines weltbeherr-
schenden Monarchen, welcher dem Könige
als seinem ersten Nachfolger das Rad des
Gesetzes ins Rollen zu bringen hilft."

XXIII.

Das Volk wird unzufrieden.

Und viele nahmen ein Ärgernis. Als sie sahen, dass viele ausgezeichnete junge Männer des Königreichs Magadha unter der Anleitung des Gesegneten ein religiöses Leben führten, wurden sie ärgerlich und sprachen: „Gautama Shâkya-Muni verleitet Väter, ihre Frauen zu verlassen und ist die Ursache, dass ganze Geschlechter aussterben."

Als sie die Bhikshus sahen, lästerten sie dieselben und sagten: „Der grosse Shâkya-Muni ist nach Râjagriha gekommen, um die Geister der Menschen zu unterjochen. Wer wird wohl der nächste sein, der sich von ihm leiten lässt?"

Als die Bhikshus dies dem Gesegneten mitteilten, sprach er: „Dieses Murren, o Bhikshus, wird nicht lange dauern. In sieben Tagen ist es vorbei. Wenn sie euch lästern, so antwortet mit den folgenden Worten:

„»Die Tathâgatas leiten die Menschen dadurch, dass sie ihnen die Wahrheit predigen. Wer wird über die Weisen murren? Wer wird den Tugendhaften tadeln. Selbstbeherrschung, Rechtschaffenheit und ein reines Herz, dies sind die Befehle unseres Herrn.«"

XXIV.

Anâthapindika.

Zu jener Zeit besuchte Anâthapindika, ein ungemein reicher Mann, Râjagriha. Da er sehr wohlthätig war, so nannte man ihn den „Ernährer der Waisen und den Freund der Armen".

Als er hörte, dass Buddha in die Welt gekommen sei und sich im Bambusgarten nahe der Stadt aufhalte, machte er sich noch in derselben Nacht auf, um den Gesegneten zu finden.

Und der Gesegnete sah sogleich die vortrefflichen Eigenschaften von Anâthapindikas Herzen, und begrüsste ihn mit Worten geistlichen Trostes. Sie liessen sich neben einander nieder, und Anâthapindika lauschte der Süssigkeit der Wahrheit, welche der Gesegnete predigte. Und Buddha sprach:

„Die ruhelose, geschäftige Eigenschaft

dieser Welt ist die Wurzel alles Leidens. Erlange jene Gesetztheit des Gemütes, welche in dem Frieden des Bewusstseins der Unsterblichkeit ruht. Das Selbst ist nichts als ein Haufe zusammengesetzter Eigenschaften, und seine Welt leer wie ein Gebilde der Phantasie.

„Was ist es, das unser Leben bildet? Ist es Iswara, ein persönlicher Schöpfer?*) Wenn Iswara ein persönlicher Schöpfer wäre, so würden alle Geschöpfe stillschweigend seiner Macht sich unterordnen müssen. Sie wären gleich Thongefässen in des Töpfers Händen, und wäre es so, wie wäre es dann für sie möglich, Tugend zu üben. Wäre die Welt von einem (persönlichen) Iswara gemacht, so könnte es weder Schmerz noch Unglück oder Sünde geben, denn sowohl reine als auch unreine Handlungen kämen von ihm, und wäre es nicht so, so müsste eine andere Grundursache neben ihm sein, und er wäre nicht der selbstexistierende Eine. Somit ist, wie Du siehst, die Vorstellung eines (persönlichen) Iswara falsch.

---

*) Die Idee der Persönlichkeit schliesst Zweiheit, Beschränktheit und Unvollkommenheit in sich ein.   H.

„Ferner wird gesagt, dass das Absolute uns erschaffen hat. Aber das Absolute kann keine Ursache sein. Alle Dinge um uns her entspringen aus einer Ursache, wie die Pflanze aus dem Samen. Wie aber könnte das Absolute von allen Dingen die gleiche Ursache sein? Wenn es dieselben auch durchdringt, so macht es sie doch nicht.

„Weiter wird gesagt, das Selbst sei der Schöpfer. Wenn dies so ist, weshalb that es nicht alles nach seinem Gefallen erschaffen. Die Ursachen der Leiden und Freuden sind thatsächlich und objektiv. Wie könnte das Selbst sie gemacht haben?

„Nimmst Du aber an, dass es keinen Schöpfer gäbe, unser Schicksal keinen Grund habe und dass keine Ursache vorhanden sei, welchen Zweck hätte es dann, unser Leben zu bilden und Mittel einer Absicht entsprechend anzuwenden?

„Deshalb behaupten wir, dass alles was existiert, nicht ohne Grund vorhanden sei, aber weder Iswara, noch das Absolute, noch das Selbst, noch der ursachenlose Zufall ist der Schöpfer, sondern unseren Handlungen entspringen bestimmte Resultate, gute sowohl als böse*).

„Die ganze Welt ist unter dem Gesetz der Ursache und Wirkung, und die Ursachen, welche wirken, sind nicht ohne Geist, denn das Gold, aus dem der Becher gemacht ist, ist Gold durch und durch.

„Lass uns denn der Ketzerei, einen (bloss äusserlichen) Iswara anzubeten und zu bitten, entsagen. Lass uns nicht unsre Zeit mit eitlen Spekulationen von gehaltlosen Haarspaltereien vergeuden; lass uns das Selbst und alle Selbstsucht aufgeben, und da alle Dinge durch Verursachung entstehen, so lass uns Gutes ausüben, damit Gutes das Resultat unserer Handlungen sei.“

Und Anâthapindika sprach: „Ich sehe, dass Du Buddha, der Gebenedeite, der Heilige bist, und ich verlange darnach, Dir mein ganzes Herz zu eröffnen. Wenn Du mich angehört hast, so sage mir, was ich thun soll.

„Mein Leben ist arbeitsvoll, und da ich mir grossen Reichtum erworben habe, so bin

*) Dies ist die Lehre vom Karma.

ich mit Sorgen umgeben. Dennoch freut mich die Arbeit und ich übe sie fleissig aus. Viele Leute, die in meinen Diensten stehen, hängen von dem Erfolge meiner Unternehmungen ab.

„Nun habe ich gehört, wie Deine Schüler den Segen der Einsamkeit preisen und die Unruhe der Welt verurteilen. Sie sagen: Der Heilige hat seinem Königreiche und seiner Erbschaft entsagt und den Pfad der Gerechtigkeit gefunden, er hat damit der ganzen Welt ein Beispiel gegeben, wie Nirvâna zu finden ist.

„Meine Seele sehnt sich darnach, das zu thun, was recht ist und meinen Mitgeschöpfen zum Segen zu sein. Sage mir deshalb: Muss ich meinen Reichtum, meine Heimat und meine Geschäftsunternehmungen aufgeben und wie Du in die Heimatslosigkeit wandern, damit ich den Segen eines religiösen Lebens erlangen kann?“

Und Buddha sprach: „Die Segnungen eines religiösen Lebens können von jedem erlangt werden, der den edlen achtfachen Pfad wandelt. Wer am Reichtume hängt, der sollte ihn lieber wegwerfen, als zu dulden, dass sein Herz damit vergiftet werde, aber wer nicht daran hängt und die Schätze, die er besitzt, richtig gebraucht, der wird seinen Mitgeschöpfen zum Segen sein.

„Ich sage Dir: Verharre in Deiner Lebensstellung und betreibe mit Fleiss Deine geschäftlichen Unternehmungen. Nicht das Leben, der Reichtum und die Macht machen den Menschen zum Sklaven, sondern der Mensch macht sich zum Sklaven, indem er am Leben, an Reichtum und Macht hängt.

„Der Bhikshu, welcher sich von der Welt zurückzieht, damit er ein müheloses Leben führen kann, wird dabei nichts gewinnen, denn ein Leben in Müssiggang ist ein Greuel, und Mangel an Energie ist verachtungswert.

„Das Gesetz des Tathâgata verlangt nicht, dass man in die Heimatslosigkeit wandern, oder der Welt entsagen soll, wenn man nicht den Beruf hierzu fühlt; aber das Gesetz des Tathâgata verlangt, dass jeder sich von der Täuschung der Selbstheit frei machen, sein Herz reinigen, sein Verlangen nach Belustigung aufgeben und ein gerechtes Leben führen solle.

„Und was auch die Beschäftigung der Menschen sei, ob sie nun der Welt als Gewerbtreibende, Kaufleute oder Beamte angehören, oder ob sie sich von der Welt zurückziehen und ein Leben von religiöser Beschaulichkeit führen, so sollen sie sich mit ganzem Herzen ihrer Aufgabe widmen, fleissig und willenskräftig sein, und wenn sie dann wie der Lotus sind, der im Wasser wächst und dennoch nicht vom Wasser verdorben wird, wenn sie den Kampf des Lebens ohne Hass und Neid bestehen und in der Welt nicht ein Leben in der Selbstheit, sondern in der Wahrheit führen, so wird sicherlich Freude, Frieden und Seligkeit in ihrem Herzen wohnen."

Bitte wenden!

letzten Rede hindurchzieht. Die naturgemäss heute noch
vielfach vorhandenen Zweifel und Meinungsverschieden-
heiten über das wahre Wesen des Buddhismus lösen sich,
eine nach der anderen, von selbst auf. Denn wir haben
hier — dies muss nachdrücklich betont werden — die
eigenen Äusserungen jenes grossen Mannes vor uns, ein-
fache, klare, tiefe, freilich auch seltsame Gedanken, und
nicht die verschwommenen Ausführungen späterer Nachfolger. Ein unerschöpflicher Reichtum an Geist eröffnet
sich uns, Probleme wahrer Philosophie, allenthalben aber
auch eine Fülle feiner Beobachtungen menschlicher Ver-
hältnisse, treffender Witz, sinnige Gleichnisse, gelegentlich
schöne poetische Sprüche. Die Kreise der näheren und
ferneren Jünger schliessen sich auf, Brahmanen und Haus-
väter, Adelige und Bürger, Gelehrte und Ungelehrte, Be-
gabte und Unbegabte, jeder tritt zu seiner Zeit vor uns
hin, in lebensvoller Frische. Dann ist es das indische
Asketenwesen, das bis ins einzelne geschildert wird, jenes
übereifrige Büssertum, das schon damals dieselben erhabenen und absonderlichen Erscheinungen, reife Früchte
und oft auch tolle Auswüchse gezeitigt hat, wie es noch
heute der Fall ist. In hohem Grade merkwürdig dünken
uns vor anderen jene fesselnden Reden, in welchen der
Meister seinen Lebensgang darstellt, autobiographische
Stücke seltenster Art, bisher völlig unbekannt und ohne
Beispiel, ohne Vergleich. Immer jedoch sind es wieder
die grossen Züge der Lehre, die uns überall ansprechen,
jener Lehre, die mehr berufen und verrufen als wirklich
gekannt ist.

Die Ausbeute, welche sich für Historiker, Orientalisten,
Philologen, Philosophen, aber auch für das allgemein ge-
bildete Publikum darbietet, liegt vor Augen. Die Verlags-
buchhandlung darf sich der Hoffnung hingeben, mit diesem
ersten zuverlässigen Kompendium des Buddhismus Wünschen, die sich von Jahr zu Jahr lebhafter äussern, im
weitesten Sinne gerecht zu werden. Persönlicher täglicher
Verkehr mit den Häuptern des modernen Buddhismus ist
dem Herrn Herausgeber auch insofern zu statten gekommen, als manche nur an Ort und Stelle recht verständliche
Eigenart indischen Lebens und Treibens beobachtet und
erklärt werden konnte.

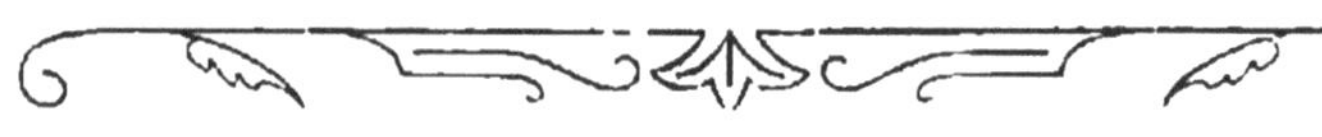